GRILL ACADEMY

GRILL ACADEMY

GRUNDLAGEN, ÜBER 120 REZEPTE, CRAFT BEER GUIDE

RICHTIG GUT *grillen*

EMF

EIN BUCH DER
EDITION MICHAEL FISCHER

INHALT

Richtig Grillen: Zubereitung, Warenkunde, Temperatur und Technik – so gelingt ein perfekter Genuss frisch vom Feuer

GRUNDLAGEN

REZEPTE

RIND

SCHWEIN

WILD

LAMM

GEFLÜGEL

FISCH & MEERESFRÜCHTE

VEGETARISCH

DESSERTS

BEILAGEN

GRUNDLAGEN

WELCHEN GRILL WÄHLEN?

Die richtige Gerätewahl bildet das A und O für ein erfolgreiches Grillen

Die Entscheidung für einen bestimmten Grill sollte nach mehreren Kriterien gefällt werden: Wie viel Platz steht zur Verfügung? Wird auf dem Balkon oder im Garten gegrillt? Welche Grilltechnik soll angewendet werden, z. B. mit oder ohne Rauchentwicklung? Wie oft will man grillen? Welche Mengen müssen berücksichtigt werden, wenn z. B. mit Freunden im großen Kreis gegrillt werden soll? Überhaupt, was soll überwiegend auf den Rost – ganze Spanferkel, schnelle Steaks oder ganze Mahlzeiten, von Snacks über Hauptgerichte bis hin zu Desserts? Und: Wie sind die Nachbarn auf die Begleiterscheinungen beim Grillen zu sprechen? Deshalb will die richtige Wahl des Grillgeräts vorher gut bedacht sein, indem sie sich an den Möglichkeiten, Gegebenheiten und Bedürfnissen orientiert. Letztlich spielt natürlich auch der Preis eine Rolle, denn es gibt Lösungen vom niedrigen zweistelligen Bereich bis hin zu Luxuslösungen im Wert einer Einbauküche. Die einfachste Art, eine technische Voraussetzung zum Grillen zu schaffen, besteht darin, ein paar Steine im Kreis oder über Eck übereinander mauerartig zu schichten, in der freien Mitte eine Glut zu entfachen und einen Rost darüberzulegen. Wer so grillt, bedient sich einer der ältesten und bewährtesten Garmethoden überhaupt. Diese Grillstelle sieht urig aus, bietet meist viel Platz, bedarf kaum einer Wartung und ist witterungsbeständig. Nachteil: Die Konstruktion kann nicht ohne Weiteres an einem anderen Ort aufgestellt werden.

GASGRILL

Der Gasgrill ist besonders unkompliziert. Keine Kohle, kein Rauch und kein Gezündel, und er ist augenblicklich betriebsbereit, genug Gas in der Flasche vorausgesetzt. Dafür darf aber kein typisches Raucharoma wie beim Grillen mit Holzkohle oder Briketts erwartet werden. Allerdings lässt sich dieses Minus mithilfe einer Räucherbox und speziellen Holzprodukten annähernd wieder ausgleichen.

Die Stärke des Gasgrills besteht darin, dass er lange Garzeiten und konstante Temperaturen durch- bzw. einhalten kann. Grillen mit Gas funktioniert im Prinzip wie Kochen am Gasherd: Das Gas strömt aus einer Gasflasche in den Brenner und tritt von dort durch kleine Öffnungen aus, wo es abbrennt. Solche Gasflaschen sind leicht erhältlich. Fast alle Gasgrills haben eine elektronische Zündung für ein sicheres Anzünden. Die Stärke der Brennflamme und damit die Temperatur lassen sich mit einem Drehknopf einfach regeln.

Die Geräte lassen sich nicht nur sauber anzünden, auch das Reinigen geht leicht von der Hand: Den Grill auf höchster Stufe von alten Grillspuren freibrennen und dann die Rückstände einfach mit einer Grillbürste abbürsten. Außerdem muss auch unbedingt die Fettauffangschale geleert werden.

Besonders geeignet für:

Kurzgegrilltes wie Steaks, Burger, Würste, Linsenburger, Tofu und Grillgemüse; indirekt Gegrilltes wie große Braten, ganze Fische, Bruschetta und Spargel; Gebackenes auf dem Schamottstein sowie unter dem Deckel Gegartes wie Teigtaschen und Gemüsequiches

HIGH-END-GASGRILL

Die modernen komfortablen Gasgrills besitzen neben dem Grillrost eine Kochzone, die zum Kochen von Saucen und Eintöpfen sowie zum Woken und Braten gedacht ist. Zudem haben sie eine eingebaute Infrarot-Sizzle-Zone. Damit können Temperaturen von bis zu 800 °C erzeugt werden, was neue Zubereitungsmöglichkeiten eröffnet. Ein elektrischer Drehspieß für ganzes Geflügel, Spanferkel, Lammrücken und andere große Stücke sollte mit zur Ausstattung gehören. In Komplettausstattung hat man unter freiem Himmel fast eine Komfortküche.

Bestens geeignet für:

Fleisch, Fisch und Gemüse; Kurzgegrilltes wie Antipasti-Gemüse; indirekt Gegrilltes wie Käse im Pergamentpapier; Gebackenes vom Schamottstein wie Brot; große Stücke vom Drehspieß; Gebäck wie Hefeteigschnecken u. a. m.,das den aufgelegten Deckel benötigt

ELEKTROGRILL

Der Elektrogrill kann bequem eingesetzt werden, weil er sehr kompakt ist und keinen Deckel besitzt. Ideal für den Balkon sowie zum Grillen in der Wohnung und es gibt sogar handliche Tischgeräte. Da er selbst keinen Rauch erzeugt, hält sich die Beeinträchtigung der Umgebung in Grenzen. Die Geräte sind einfach zu handhaben und sofort einsatzbereit. Allerdings braucht man einen Stromanschluss für den Betrieb, was den Einsatzbereich einschränkt. Der Energieverbrauch sollte ebenfalls berücksichtigt werden, zumal die Leistung nach Empfehlungen von Fachleuten nicht unter 2000 Watt liegen sollte.

Ein echtes Grillgefühl kommt dabei aber nicht auf, und es bilden sich auch nicht die typischen und allgemein geschätzten Grillaromen. Außerdem besitzt er nur eine Temperaturzone. Immerhin hält sich der Reinigungsaufwand in Grenzen: Der abnehmbare Rost wird hocherhitzt und dann mit einem nassen Schwamm gesäubert, die Auffangschale kommt in die Spülmaschine.

Besonders geeignet für:

Kurzgegrilltes wie Steaks, Patties, Gemüse, Würste und kleine Fische wie Sardinen

HOLZKOHLEGRILL

Der Klassiker unter den Grills: Er erzeugt ein einzigartiges Aroma und jenen rauchigen Geschmack, wie man ihn seit jeher vom Garen über offener Glut her kennt.

Allerdings ist die Handhabung wesentlich aufwendiger als bei einem Gas- oder Elektrogrill. Die Kohle muss zu Beginn mit flüssigem oder festem Grillanzünder, Heißluftgebläse oder Anzündkamin erst in Fahrt und dann auf die gewünschte Grilltemperatur gebracht werden. Das braucht Zeit und erzeugt mitunter einiges an Rauch. Die Temperatur ist nur schwer zu kontrollieren, und man benötigt etwas Erfahrung, um die Hitzestrahlkraft der Holzkohle richtig einschätzen zu können.

Wer aber unkomplizierte Gerichte zubereiten möchte, wie z. B. Würste, Schweinesteaks oder Gemüse im Alupäckchen, Improvisation reizvoller findet als Perfektion und Wert auf den einen unverwechselbaren Geschmack legt, der ist mit solchen Geräten richtig beraten.

Die Auswahl erstreckt sich von simplen Einfachgrills bis hin zu Luxusgrills für mehrere hundert Euro. Es gibt Kugelgrills für direktes bzw. indirektes Grillen und zum Smoken, Schwenkgrills mit rotierendem Rost, solche mit Rädern, Beinen oder Mittelstandfuß, aber auch handliche Exemplare zum Tragen. Am hochwertigsten sind Grills aus Edelstahl oder Gusseisen, die unempfindlich gegen Rost sind und auch nach längerem, intensivem Gebrauch kaum Abnutzungserscheinungen zeigen.

Besonders geeignet für:

Würste; Kurzgegrilltes, wie dünnes Fleisch, Spieße, Fisch im Fischgitter und Gemüsepäckchen. Bei Verwendung einer Haube auch für größere Stücke geeignet.

GRILLRING

Es handelt sich um eine Art runde Feuerschale mit Rost. In der Mitte brennt ein Feuer, das z. B. aus Holzscheiten bestehen kann. Auf dem etwa fensterbankbreiten Rund um das Feuer herum wird gegart, so dass die Grillfläche insgesamt groß ausfällt.

Einsetzbar für alle Grillzubereitungen, die direkte Hitze verlangen und ohne Deckel auskommen. Der besondere Reiz bei diesem Gerät besteht in der Ästhetik seiner Form, die eher gehobene Designansprüche erfüllt, als rustikale Gemütlichkeit verbreitet. Er wird sofort zum Mittelpunkt, weil man sich wie um ein Lagerfeuer um ihn herumsetzt. Wer mit von der Partie ist, kann bequem vom eigenen Platz aus das Grillgut auf die Hitze legen und es so zubereiten, wie und wann er es für sich allein möchte. Ideal auf möblierten Terrassen und bei festlichen Anlässen. Mit einem glatten Spachtel ist der Ring einfach und schnell zu reinigen.

Besonders geeignet für:

Kurzgebratenes wie mediterranes Grillgemüse, Bratkartoffeln; Gebackenes wie Crêpes, Spiegeleier, paniertes Gemüse, Würste, Steaks, Spieße

KUGELGRILL

Der Kugelgrill ist nach dem einfachen Holzkohlegerät das beliebteste Gerät. Bei aufgelegtem Deckel wirkt die eingefangene Hitze mit auf das Gargut, und man hat etwa dieselbe Anwendungsbandbreite wie bei einem Backofen. Außerdem gart er sehr schonend.

Ein weiterer Vorteil besteht darin, dass man den Deckel nicht permanent auflegen muss, sondern z. B. zum Kurzbraten auch geöffnet lassen kann. Je nach Größe hat man die Möglichkeit, eine direkte und indirekte Grillzone nebeneinander einzurichten, was verschiedene Zubereitungsarten zu gleicher Zeit ermöglicht.

Besonders geeignet für:

Uneingeschränkt direkt Gegrilltes; indirekt Gegrilltes wie Fisch, Fleisch, Würste, Braten, großes Gemüse wie Fenchelknollen, Gebackenes vom Schamottstein, wie Pizza. Bei geschlossenem Deckel können z. B. Muffins in der Silikonbackform gebacken werden.

KERAMIKGRILL

Im Prinzip die High-Tech-Version des Kugelgrills. Der Keramikgrill ist hauptsächlich zum Garen bei geschlossenem Deckel gedacht und wird mit Holzkohle betrieben. Man kann damit grillen, backen, kochen und räuchern. Er ist auch als Smoker nutzbar.

Besondere Vorteile: Die Hitze ist für den Bereich zwischen 70 und 400 °C einstellbar und hält sich stundenlang. Trotzdem ist der Kohleverbrauch nur sehr gering, Die Nachteile: hohes Gewicht, hoher Anschaffungspreis, lange Aufheizphase und eine ebenso lange Abkühlphase. Keramikgrills sind nichts für schnelle Steaks, sondern etwas für einen langen Nachmittag oder gemütlichen Abend mit open end.

Besonders geeignet für:

Short Ribs, Pulled Pork oder andere große Fleischstücke sowie ganze größere Fische, etwa Lachse. Auch für Kuchen im Glas geeignet.

SMOKER

Den Smoker gibt es in verschiedenen Ausführungen. Der Klassiker ist die sogenannte Lokomotive. Das Gerät heißt so, weil seine schwarze Farbe und seine Formgebung an alte Dampflokomotiven erinnern.

In der Brennkammer brennt das Holz, Hitze und der Rauch ziehen nach nebenan in den Garraum, in dem das Fleisch liegt. Hier sammelt sich die warme Luft, bis sie durch den Kamin abzieht. Abtropfende Flüssigkeiten wie Saft und Fett können daher nicht in die Glut gelangen. Große Smoker haben zusätzlich ein Ablagegitter im Kamin. Dort kann man fertige Fleischstücke ruhen lassen, um sie warm zu halten und noch ein bisschen weiter zu räuchern. Zur Rauchentwicklung werden gern Späne von Buche, Eiche und Obstbäumen verwendet. Beliebt sind auch Chips und Chunks, die vor dem Räuchern gewässert werden.

Im Grunde handelt es sich bei diesem Gerät nicht um einen Grill, der für hohe Temperaturen, direkte Hitzeeinstrahlung und die Erzeugung spezieller Grillaromen vorgesehen ist, sondern um eine Räucherkammer, die als Outdoor-Garer wie ein Grillgerät eingesetzt wird. Sie besitzt Räder zum Bewegen, ist aber je nach Größe mehr oder weniger mobil. Ein wesentlicher Vorteil des Smokers besteht darin, dass auch bei sehr langen Smokevorgängen das Gargut sich selbst überlassen werden kann – man muss allenfalls die Glutstelle kontrollieren.

Besonders geeignet für:

Sehr große, aber auch kleine Stücke bei Niedrigtemperatur, wie Käse und Fisch vom Zedernholzbrett, Geräuchertes aller Art, Fleisch, Würste, gefülltes Gemüse, Tofu, Käse

OFFENE FEUERSTELLE

Als vor Urzeiten die Menschen gelernt hatten, Feuer zu erzeugen, nutzten sie zum Garen offene Feuerstellen. Diese archetypische Zubereitungsart hat bis heute nichts von ihrem Reiz verloren. Eine Mulde in der Erde reicht aus, um dort mit Holz ein Feuer zu unterhalten. Soll gegrillt werden, reichen schon ein dreibeiniger Grillrost oder ein stativhohes Dreibein mit anhängendem Topf oder Schwenkrost über den Flammen, und schon kann es losgehen.

Gerade weil es bei dieser Methode an Perfektion fehlt, um etwa auf die Temperatur Einfluss zu nehmen, und man aufpassen muss, dass die Wurst am einen Ende nicht verkohlt und am anderen noch roh bleibt, ist das Grillvergnügen meist besonders groß. Es hat noch etwas Ursprüngliches, und man kann eine kleine Atempause von den technischen Anforderungen in den meisten anderen Lebensbelangen einlegen.

Nach dem Essen kann es weitergehen: Erneut etwas Holz auflegen, dann wird aus der Grillglut ein romantisches Lagerfeuer.

Besonders geeignet für:

Kurzgegrilltes, wie Tofu, gegrilltes Gemüse, Gemüsepäckchen; in der Glut Gebackenes, z. B. Folienkartoffeln, Würste, dünn geschnittenes Fleisch, Steckerlfisch und Stockbrot

DUTCH OVEN

Kochen wie im Wilden Westen: Der Dutch Oven ist ein gusseiserner Topf, der von unten und oben beheizt wird. Er wird auf einem niedrigen Dreibein über glühenden Kohlen positioniert, gleichzeitig können auf den ebenfalls gusseisernen Deckel zuvor in Glut versetzte Kohlen gelegt werden. Dadurch wird innen ein gleichmäßiger gemächlicher Garprozess in Gang gesetzt.

Erhältlich in Größen für 1–2 bis rund 20 Personen. Die Töpfe sind so geformt, dass mehrere übereinandergestapelt werden und zeitgleich völlig verschiedene Gerichte garen können – ideal für ein abwechslungsreiches Menü im Freien.

Es gibt auch einfache Vorrichtungen, um den Dutch Oven über ein Feuer zu hängen, das auch ein richtiges Lagerfeuer sein kann. Beim Gebrauch dieser schweren, schwarzen Töpfe, die selbst bei strengen Wintertemperaturen gute Dienste leisten, entsteht ein besonderes Outdoor-Feeling.

Der Umgang mit dem Gusstopf ist aber nichts für den schnellen Hunger, denn das Warten auf das Kochergebnis verlangt etwas Geduld. Man muss daher nur früh genug anfangen. Die Vorfreude auf eine deftige warme Mahlzeit ist beim Anblick der Töpfe, die über der Glut hängen, besonders groß.

Besonders geeignet für:

Zum Schmoren und für Eintöpfe in kleinen und sehr großen Mengen. Auch zum Backen geeignet.

KONTAKTGRILL

Der Kontaktgrill ist eine sinnvolle Alternative zu gewöhnlichen Grills. Er besteht aus zwei meist gusseisernen Grillplatten, die mit Strom beheizt werden. Die untere Platte trägt das Grillgut, und die obere wird auf das Grillgut geklappt, sodass es zwischen den beiden erhitzten Flächen leicht zusammengedrückt und gegart wird.

Der Kontaktgrill bietet sich in erster Linie für kurzgebratenes Fleisch, Würste, Fisch, Gemüse, Fladenbrot und Sandwiches an. Er kann auf dem Balkon oder auch in der Küche genutzt werden. Er muss nur kurz aufgeheizt werden, erzeugt hohe, gut regulierbare Temperaturen und ist schnell einsatzbereit.

Mit einem hochwertigen Kontaktgrill wird das Grillgut besonders gleichmäßig geröstet. Das lästige Wenden entfällt, weil das Fleisch zwischen Metallplatten von oben und unten gleichzeitig Hitze bekommt. Aus diesem Grund sind auch die Garzeiten erfreulich kurz. Die klassischen Grillaromen stellen sich nicht ein, weil es sich mehr um einen Bratvorgang handelt, bei dem aber Röststoffe entstehen.

Die meisten für Haushalte konzipierten Kontaktgrills sind eher klein und reichen meist nur für zwei Personen. Größere Geräte gibt es jedoch im Gastronomiebedarf, wo gebrauchte Ware auch oft zu günstigeren Preisen angeboten wird.

Besonders geeignet für:

Kurzgebratenes Fleisch, flache Spieße, verschiedenes Gemüse, Fisch, Sandwiches, Panini und Fladenbrot, gefüllt und ungefüllt

PORTABLES

Die tragbaren Geräte werden überwiegend mit Holzkohle betrieben, einige Ausführungen funktionieren aber auch mit Gas. Sie sind meist so klein und leicht, dass man sie bequem mit an den Baggersee, auf die Fahrradtour oder zum Picknick mitnehmen kann.

Wer gern spontan grillt, keine gehobenen Ansprüche stellt und im Grillen nicht unbedingt die Hauptsache der jeweiligen Unternehmung sieht, ist mit den einfachen Geräten gut bedient. Sie eignen sich grundsätzlich für alles, was üblicherweise auf dem Grill zubereitet wird. Es gibt allerdings auch komfortable Ausführungen, die sogar das Garen unter der Haube, indirekte Hitzezufuhr und einfaches Räuchern zulassen. Niedriggaren größerer Stücke – »low and slow« – ist je nach Gerätekomfort ebenfalls möglich.

Besonders schlichte und preiswerte Einmalgrills, die bereits Holzkohle und Anzünder enthalten, können nach Gebrauch nicht wiederverwendet werden. Sie stehen in der Kritik, weil sie nach Gebrauch oft einfach in der Landschaft liegen gelassen werden. Sie sollten nach der Benutzung entsorgt bzw. wieder mitgenommen werden.

RÄUCHERÖFEN

Räuchergeräte sind unterschiedlich groß – vom tragbaren Kasten in Backofengröße bis zum mannshohen Schrank – und werden wegen der oft langanhaltenden Rauchentwicklung am besten im Garten aufgestellt. Die Klassiker werden mit Holz bzw. Holzkohle beheizt, modernere Geräte auch mit Strom und Gas. Es gibt Geräte zum Heißräuchern, Kalträuchern und solche, die beides können. Erschwingliche halbprofessionelle Räucherschränke, wie sie zum Beispiel von Anglern gern benutzt werden, gibt es in großer Auswahl im Handel.

KOHLE & HOLZ

Welches Holz oder welche Kohle benötigt wird, hängt von der Wahl des Grills ab

Zum Grillen und Räuchern wird Glut benötigt. Sie entsteht im Allgemeinen durch das Verglimmen von Kohle bzw. Holzkohle sowie Holz bzw. Holzprodukten, seltener jedoch durch das einfache Verbrennen von Holz. Holzprodukte, z. B. Sägemehl, werden eingesetzt, wenn Rauch entstehen soll. Holzscheite oder andere (gesammelte) Baumteile erzeugen ebenfalls Rauch und unterstützen zudem die Flammenentwicklung.

ANZÜNDHILFEN

Um Kohle oder Holz in Glut zu versetzen, braucht man Anzündhilfen. Die nachfolgend genannten gelten als sicher und zuverlässig:

Anzündwürfel: Bestehen meist aus gepresstem Holz und Pappe. Ideal für Holzkohle und Briketts. Ökobewusste Griller legen Wert auf Bioware und DIN-CERTCO-Zertifizierung (Konformitätsbewertung).

Glühspirale: Voraussetzung ist ein Stromanschluss. Die Spirale wird in die Holzkohle gelegt, mit Kohle überdeckt und eingeschaltet. Nach 20–30 Minuten ist der Grill bereit.

Heißluft-Grillföhn: Ist ein Stromanschluss vorhanden, kann man damit bereits entzündete Holzkohle oder Briketts schnell zum Durchglühen bringen. Die Geräte führen dem Brennmaterial Sauerstoff und Temperaturen bis zu 500 °C zu. Vorsicht bei der Anwendung: Es kann Funken- und Ascheflug entstehen.

Holzwollebällchen: Meist in Wachs getränkt. Eignen sich für Holz, Holzkohle und Briketts.

Flüssige Anzünder: Es gibt spezielle Produkte, die für den Grillbetrieb entwickelt wurden. Die kalte Kohle wird damit oberflächlich eingefeuchtet und entzündet. Dabei entstehen zunächst Flammen, anfangs mit einer besonderen gasigen Geruchsentwicklung verbunden. Beim Umgang damit ist Vorsicht geboten.

Anzündkamin: Dabei handelt es sich um ein kurzes Rohrstück von ca. 40 cm Länge und 15 cm Durchmesser. Es wird mit Briketts oder Holzkohle gefüllt und von unten mit einer der hier erwähnten Anzündhilfen entzündet. Dann am besten auf ein Gitter oder einen Rost stellen. Durch den von unten nach oben durchziehenden Sauerstoff wird der Inhalt in kurzer Zeit vollständig in Glut versetzt. Anschließend im Grill verteilen.

Tipp

Als Anzünder dürfen auf keinen Fall chemische Beschleuniger, Brennspiritus, Benzin oder andere möglicherweise hochexplosive Flüssigkeiten verwendet werden. Sie sind in der Handhabung sehr gefährlich und können zu Verletzungen führen oder die Gesundheit anderweitig beeinträchtigen. Auf den unappetitlichen Beigeschmack, den sie an das Grillgut abgeben, kann ohnehin verzichet werden.

HOLZ

Holz und die Produkte daraus wie Chips oder Sägemehl werden zum Garen und Aromatisieren verwendet.

Für offene Flammen bzw. ein richtiges Feuer wird ohnehin Holz verwendet. Es sollte trocken sein, denn nasses Material bildet sehr viel unerwünschten Qualm. Auch Nadelhölzer sind weniger geeignet, weil sie oft sehr harzig sind und viel Rauch und Ruß bilden. Das Ergebnis sind ein sehr strenger Geschmack und eine schwärzliche Färbung.

Andere Produkte aus der Natur, z. B. Eicheln, Zapfen von Tannen, Erlen und Kiefern, Wacholderzweige und -beeren sowie Bucheckern können ebenfalls eingesetzt werden, aber nur in geringeren Mengen. Ob und wie lange sie gegebenenfalls angefeuchtet werden, unterliegt der Experimentierfreude des einzelnen Grillers.

Chips: Chips erzeugen beim Gas- und Holzkohlegrill das gewünschte Räucheraroma. Sie werden nicht direkt in die Glut gegeben, sondern in Räucherboxen.

Chunks: Etwa faustgroße Holzstücke werden in geschlossenen Grills zum Smoken und beim sogenannten Wassersmoken verwendet.

Holzmehl und Sawdust: Beides sehr feine Holzspäne, 1–4 Millimeter groß, zum Kalt- und Heißräuchern. Auch bei Tischgeräten eignen sich diese Produkte zur Raucherzeugung.

Holzpellets: Die gepressten sortenreinen, rindenfreien, kleinen Stäbchen kommen im Smoker, Holzkohlegrill und Keramikgrill direkt auf die Glut. Im Gasgrill wird eine Räucherbox verwendet.

Holzdiscs: Die gepressten Hartholzspäne verglühen schnell, in etwa 20 Minuten, und müssen daher öfter nachgelegt werden.

Holzscheite klein: Ideal zum Anzünden, brennen schnell und haben eine gute Glutverteilung. Perfekt für den Kugelgrill.

Holzscheite groß: Bester Brennstoff für Smoker, aber auch geeignet für offenes Grillen, Lagerfeuer und zur Holzkohleherstellung.

Kokos-Briketts: Aus Kokosnussschalen hergestellt, brennen lange und gleichmäßig. Auch bestens zum Anzünden geeignet.

Wood Paper (Holzpapier): Immer gut wässern, damit es geschmeidig wird. Das Grillgut darin einrollen und direkt grillen. Ergibt ein herrliches Aroma.

Wood Plank (Holzbrett): Verwendet man, um Fischfilets zu grillen und dabei leicht zu räuchern. Das Holz selbst verleiht dem Grillgut ebenfalls Aroma. Vorher eventuell etwas wässern.

HOLZKOHLE

Wer mit Holzkohle grillt, erhält dadurch das einzigartige BBQ-Feeling. Auch bei der Kohle lohnt sich ein Blick auf Herkunft und Qualität – wie es am Geschmack des Grillgutes deutlich wird. Mit Holzkohle wird die ideale Glut und somit eine starke und gleichmäßige Hitze erzeugt. Sie liegt bei ca. 600–700 °C – ideal für Steaks und Kurzgebratenes.

Der Nachteil besteht darin, dass das Material schnell verglüht. Es muss immer wieder nachlegt werden, um die Temperatur konstant zu halten.

BRIKETTS

Briketts bestehen in der Regel aus maschinell gepresstem Holzkohlenstaub. Sie haben eine einheitliche Form und zeichnen sich durch eine hohe Dichte aus. Aus diesem Grund brennen sie deutlich langsamer als andere Brennerzeugnisse, wie z. B. Holzkohle, halten aber dafür die Hitze auch länger und konstant.

Zwischen Holzkohle und Briketts gibt es somit klare Unterschiede: Holzkohle erzeugt eine sehr hohe Hitze, verglimmt aber schnell. Briketts hingegen halten deutlich länger durch, werden aber nicht ganz so heiß und bieten sich daher für die etwas dickeren Teilstücke auf dem Rost an.

HERSTELLUNG

Es gibt zahllose Holzkohleprodukte auf dem Markt. Um 10 Kilogramm Holzkohle herzustellen, benötigt man etwa 100 Kilogramm Holz. Die Holzkohle wird nach der traditionellen Methode in Meilern oder in speziellen Öfen hergestellt.

Günstige Ware wird meist im Schnellverfahren hergestellt und kann belastetes Altholz enthalten. Außerdem erzeugt sie meist keine Spitzentemperaturen, verglüht relativ schnell und kann ungesunde Stoffe freisetzen, die auf das Grillgut einwirken. Sogenannte Premiumware besteht meist aus Buchenholz, weil es für das beste Aroma sorgt. Dieses stammt aus heimischer Herstellung und anderen Ländern, wie etwa Südamerika. Dazu zählt auch Regenwaldholz, vor dem aber nicht nur Umweltverbände dringend warnen. Aus ökologischen Gründen wird ohnehin von Importholz, das weite Wege zurücklegen muss, abgeraten.

ALLGEMEINES EQUIPMENT

Zur perfekten Vor- und Zubereitung des Grillgutes wird eine Reihe an Hilfsmitteln benötigt. Eine Übersicht

Das Grillen fängt meist damit an, dass Fleisch, Fisch, Geflügel, Gemüse, Würste, Käse und Desserts bereits schon in der Küche grillfertig vorbereitet werden. Dabei wird in erster Linie nicht das spezielle Grillequipment, sondern zunächst die übliche Küchenausstattung, wie Küchenmesser, Löffel, Spieße, Teller, Mörser, Arbeitsplatten, Gefäße zum Aufbewahren und Marinieren benötigt.

Wer ergänzend zum Gegrillten feine Salate, Saucen und Desserts sowie süße und herzhafte Knabbereien in der Küche zubereitet, der benötigt und benutzt die vorhandene Küchenausstattung, wie Teelöffel, Mixer, Kochtopf, Pfanne und Herdplatte. Diese Gerätschaften sollen nachfolgend nicht weiter berücksichtigt werden.

FÜR ROST UND GRILL

Abtropfgitter: Ideal zum Ruhenlassen von Fleischstücken. So kann der Saft gut ablaufen und das Fleisch liegt nicht in einer Pfütze.

Bräter: aus Metall, Ton (Römertopf), Keramik oder Glas. Auf dem Grill werden solche Geräte eher selten eingesetzt, obwohl es technisch möglich wäre – sie widersprechen dem grundsätzlichen Grillgedanken, bei dem das unmittelbare Garen von Lebensmitteln nah an der Hitzequelle im Mittelpunkt steht. Eine Ausnahme stellen Pfannen aus Eisen oder Gusseisen und ohne Kunststoffgriffe dar, die vereinzelt zum Einsatz auf dem heißen Rost kommen, um bestimmte Zutaten anzubraten oder eine Sauce herstellen zu können.

Burgerpresse: Sieht aus wie ein Stempel mit Stempelkissen – perfekt, um Patties die richtige Form und nötige kompakte Konsistenz zu geben.

Drehspieß: Zum Befestigen ganzer Tiere oder sehr großer Teilstücke sowie von Spießbraten und Geflügel. Idealerweise mit einem Motor für stundenlanges, gleichmäßiges Drehen betrieben.

Fischhalter: Lässt den Fisch auf dem Grill stehen, ist aber auch praktisch zum Räuchern.

Fleischgabel: Zum Heben, Halten und Wenden von Fleisch unverzichtbar. Besonders hilfreich im Umgang mit großen Stücken. Auf gute (Edelstahl-)Qualität achten, denn billige Blechgabeln sind größeren Gewichten meist nicht gewachsen.

Geflügelhalter: Zum Grillen von ganzem Geflügel. Durch die Flüssigkeit (Bier, Wein oder Mischungen) in der Mitte erhält das Geflügel das gewünschte Aroma. Je nach Form fangen sie auch das abtropfende Fett auf.

Gemüsekorb: Korb (quadratisch oder rund) mit Löchern. Darin lässt sich verschiedenes Gemüse, aber auch ganze Fleischstücke, direkt grillen.

Grillhandschuh: Zum Schutz der Hand vor Hitze, Funken und heißem Rauch ist ein Handschuh aus Leder oder feuerfestem Textil unbedingt zu empfehlen.

Grillkorb: Darin befindliches kleines Grillgut kann schnell und unkompliziert gewendet werden – am besten also mit Griff.

Grillrostheber: Zum Anheben des Grillrosts. Meist mit Holzgriff ausgestattet.

Grillplatte: Wenn auf dem Grill etwas gebraten werden soll, sind Grillplatten die beste Lösung. Sie haben meist eine glatte und eine geriffelten Seite für schöne Muster.

Grillschalen: Für empfindliches Grillgut bei indirektem Grillen gedacht. Außerdem können sie als Tropfschalen verwendet werden. Beim direkten Grillen verhindert eine Grillschale, dass Fleischsaft oder Öl in die Glut tropft und auf diese Weise möglicherweise schädliche Stoffe entstehen.

Grillthermometer: Um die für ein saftiges Ergebnis wichtige Kerntemperatur zu bestimmen, ist ein Grillthermometer unverzichtbar.

Grillwender: Sollte etwa 40 Zentimeter lang und aus solidem Edelstahl bestehen. Zum Wenden von Fisch, Fleisch oder Gemüse.

Grillzange: Ein handliches und hilfreiches Werkzeug zum Wenden von verschiedenem Grillgut.

Holzkohlekörbe: Um indirekt grillen zu können, sind Holzkohlekörbe eine praktische Anschaffung. Sie werden mit glühenden Kohlen oder Briketts befüllt, um sie präzise positionieren zu können. Da sie beweglich sind, lassen sich die Hitzequellen bei Bedarf leicht und unkompliziert verschieben.

Kohlezange: Zum Nachlegen von Kohlen, Briketts oder Holz. Auf diese Weise werden Hände und Kleidung nicht schmutzig und es wird eine sichere Entfernung zum Feuer gewahrt.

Pizzastein: Pizza benötigt viel Hitze von unten und gelingt deshalb auf einem speziellen Pizzastein aus Schamott auf dem Grill einfach perfekt. Er muss gut vorgeheizt werden, um den gewünschten Effekt zu erzielen.

Pökelspritze: Auch Marinadenspritze genannt. Um Marinaden oder Salzlaken ins Fleisch zu spritzen.

Räucherbox: Mit Räuchermaterial, z. B. angefeuchteten Spänen gefüllt, trägt sie mit zur Aromatisierung des Grillguts bei. Sie sollte aus hitzebeständigem Material, wie Edelstahl oder Gusseisen, bestehen.

Räucherschale: Wie die Räucherbox zum Aromatisieren von Grillgut geeignet, allerdings wird sie direkt auf die Glut gesetzt.

Schneidebretter: Für den Profibereich hat der Gesetzgeber aus hygienischen Gründen Kunststoffbretter vorgeschrieben. In der privaten Küche dominieren jedoch die optisch reizvolleren Holzbretter.

Vorteile der Plastikbretter: Sie sind spülmaschinentauglich und kaum anfällig für Verfärbungen und Gerüche – das sind gleichzeitig mögliche Nachteile der nicht spülmaschinentauglichen Holzbretter. Die aber sind, wie mehrere Tests bewiesen haben, trotzdem keinesfalls unhygienisch.

Unbedingt beachten und nicht unterschätzen: Zwischen den einzelnen Arbeitsgängen – Bearbeiten von Fisch, Fleisch, Wild, Geflügel oder Gemüse und Früchten – das Brett aus Kunststoff oder Holz jedes Mal gut abspülen. Von Schneidebrettern aus Glas und Stein wird abgeraten, da sie nicht messerschonend sind.

Spare-Rib-Halter: Ideal, um Ribs von beiden Seiten gleichmäßig zu grillen.

Spieße: Aus Holz oder Metall. Holzspieße immer vor der Benutzung etwa 2 Stunden in Wasser einweichen.

FÜR DIE VORBEREITUNG

Bambusmatte: Praktischer Helfer, wenn Fleisch, Fisch und Filets in Schinken, Bacon oder Gemüseblätter eingerollt werden sollen.

Bindfaden/Küchengarn: Zum Binden von Fleischstücken. Am besten nur einen stabilen und hitzebeständigen Faden verwenden (aus dem Metzgerfachgeschäft oder im Fleischereibedarf).

Fleischwolf: Egal, ob handbetrieben oder elektrisch – er ist auf jeden Fall ein Muss bei der Herstellung von Burgern, Buletten, Hackspießen oder Grillwürsten. Nach dem Gebrauch das Gerät sofort von den Fleischresten befreien und reinigen; die Messer und Scheiben in Öl legen, damit sie nicht oxidieren und gut scharf bleiben.

Folien: Frischhalte- oder Alufolien sind wichtige Helfer in der Küche – zum Abdecken von Vorbereitetem, beim Marinieren und nach dem Rollen.

Messer: Gute und scharfe Messer sind ein absolutes Muss, sowohl für Laien als auch für Küchenprofis. Hier sollten keine Abstriche gemacht werden.

Mixer: Zum Pürieren verschiedener Zutaten und für das Herstellen von Grill- und BBQ-Saucen sowie Marinaden.

Mörser: Meist aus Stein – die beste Methode, Gewürze für verschiedene Würzmischungen zu zerkleinern. Auch leckere Pestos, Saucen und Dips lassen sich damit herstellen. Den Mörser nie mit Spülmittel reinigen, da der Stein den Geruch annehmen kann. Trocken mit Küchenpapier auswischen.

Roll- bzw. Nudelholz: Zum Ausrollen von Pizza- und Brotteig. Zum Plätten von blanchierten Wirsing- und Kohlblättern, in die Fleischfilets, Fisch oder Mischungen aus Pilzen, Käse und Nüssen eingerollt werden. Außerdem zum Herstellen von Bröseln für Überbackenes.

Rouladennadeln: Zum Schließen von gewickeltem Fleisch oder Fisch. Können auch das Thermometer ersetzen: Tief in das Grillgut schieben, nach 30 Sekunden herausziehen und vorsichtig an die Lippen halten – so erhält man eine Vorstellung von der vorherrschenden-Temperatur im inneren Bereich.

Sieb: Zur Herstellung feiner Saucen und Marinaden oder auch feiner Gewürzmischungen. Außerdem zum Abtropfen lassen.

Spritzbeutel: Unverzichtbar, um Würzflüssigkeiten in ein Stück Fleisch, Geflügel oder Fisch zu spritzen. Ein Helfer beim Wurstmachen, wenn kein Fleischwolf mit Wurstfüllvoratz verfügbar ist.

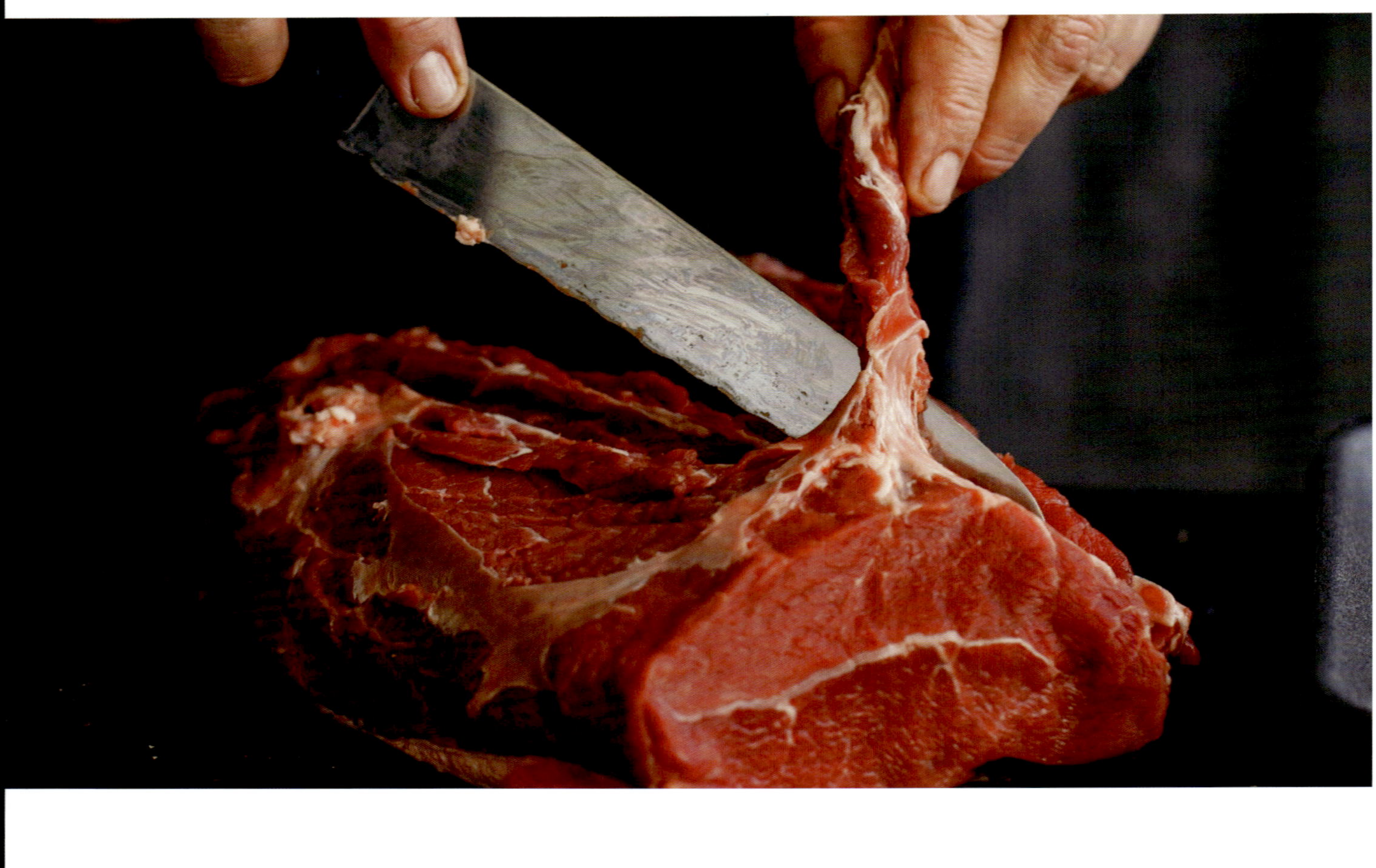

FÜR DIE REINIGUNG

Aschebehälter: Sollte immer aus Metall bestehen und mit einem Deckel ausgestattet sein, damit die Asche oder Glut vom Grill sicher entsorgt werden kann.

Grillbürste: Zum Reinigen von Rost- und Grillplatten unter Kraftaufwand. Es gibt sie in verschiedenen Größen und Formen, meist mit Messing- oder Edelstahlborsten. Größe und Form sollten auf das Grillgerät und darauf abgestimmt sein, wie sie in der Hand liegen. Zusätzlich dazu kann ein Fettlösemittel gute Dienste leisten.

Handbesen: Am besten einen mit großen Borsten. Zur Reinigung des kalten Grills sowie zum Ausfegen der abgekühlten Asche.

Stahlwolle: Reinigungskissen aus langen Metallspänen zum Reinigen von Grillplatten. Auch für emaillierte und mit Porzellan beschichtete Grillplatten geeignet.

GRILLMETHODEN & GARTECHNIKEN

Die Besonderheit des Grillens besteht darin, Fleisch, Fisch oder Gemüse direkt über der Hitzequelle oder sehr nah daran zu garen. Nur so kann sich der typische Grillgeschmack ergeben. Die Verwendung von Pfannen, Formen oder Platten, in bzw. auf denen sich das Grillgut befindet, widerspricht eigentlich dem ursprünglichen Grillgedanken. Da aber beim Grillen die Situation eines möglichst vielseitigen Koch- und Genussvergnügens ohne den traditionellen Herd in den Vordergrund gerückt ist, steht Grillen inzwischen für fast alle warmen Zubereitungen, die meist unter freiem Himmel, auf jeden Fall außerhalb der Küche stattfinden. Ob mit Holzkohle, Strom oder Gas – jede Technik überzeugt mit eigenen Vorteilen.

DIREKTES GRILLEN

Die erste Gartechnik überhaupt, seitdem man sich das Feuer zunutze machte: Das Grillgut wird direkt über die Hitze gehalten. Später kam der Rost dazu, was den Vorgang erleichterte. Dabei entwickeln sich die typischen Röstaromen.

Direktes Grillen verlangt Aufmerksamkeit. Bei hohen Temperaturen bis 300 °C können nur kurze Augenblicke zwischen noch fast roh und schon verkohlt liegen. Zum direkten Grillen eignen sich vor allem Stücke, die nicht länger als 20–30 Minuten benötigen, wie Steaks, Koteletts, Flanks, Burger, Geflügel, Fisch und Bratwürste, aber auch kleine Päckchen mit Gemüse oder Käse. Zwischendurch immer im Auge behalten, fleißig wenden und den Garzustand prüfen.

Direkte Hitze erzeugt den gewünschten Grilleffekt am besten. Das Gargut wird in nur wenigen Augenblicken gar und entwickelt dabei die gewünschten Röstaromen. Nachteil: Von außen kann das Gargut schnell verbrennen, während es im Kern noch roh ist. Deutet sich diese Situation an, empfiehlt es sich, zwischendurch auf eine zweite, mildere Hitzezone auszuweichen, falls vorhanden. Darauf wird dem Grillgut eine langsamere Garphase gegönnt, in der der Kernbereich nachgaren kann, ohne dass die äußere Schicht verkohlt. Bei Bedarf anschließend wieder auf die heißere Zone zurücklegen. Das Wechseln zwischen den Zonen erfordert etwas Erfahrung und macht zusätzliche Mühe, aber das bessere Ergebnis entschädigt für den Einsatz. Alternativ kann eine kurze Garpause eingelegt und die direkte Grillhitze reduziert werden.

Wer den Aufwand nicht scheut, kann von Anfang an auch gezielt mit zwei Hitzezonen garen: Dazu das Grillgut im geschlossenen Kugelgrill indirekt auf die optimale Kerntemperatur bringen. Anschließend über direkter Hitzezufuhr auf den heißen Rost legen, damit sich eine Kruste und Röstaromen bilden. Auf diese Weise hat man eine bessere Kontrolle über den Garzustand des Fleischs, damit es innen noch rot, rosa oder vollständig durchgebraten werden kann, ohne trocken zu werden.

Wer ein Sous-Vide-Gerät besitzt, kann das Grillgut vor dem Grillen mit Aromen und Gewürzen vakuumieren und in einem warmen Wasserbad bei einer Temperatur von unter 100 °C vorgaren. Das grilltypische Finish erhalten die Stücke auf dem Rost über starker und direkter Hitze. Bei dieser Methode wird das Grillgut nicht unmittelbar über der Glut, sondern etwas versetzt daneben gegart. Für diese Technik wird ein Grill mit Deckel sowie eine Tropfschale benötigt.

INDIREKTES GRILLEN

Die Hitze bewegt sich in mittleren Temperaturen von 140–180 °C. Bei aufgelegtem Deckel verteilt sie sich gleichmäßig und umströmt das Grillgut fast wie im Heißluftofen. Gleichzeitig zirkulieren die Aromen der Gewürze und verleihen dem Grillgut ihren Geschmack. Auch die Aromen der verglühenden Kohle kommen so besser zur Geltung. Dies gilt erst recht, wenn Räucherelemente, z.B. feuchte Späne oder Kräuter, wie Rosmarinzweige mitverwendet werden. Mit der indirekten Methode lassen sich große Stücke wie Brisket, Braten, Keulen, ganzes Geflügel oder Fische perfekt zubereiten.

Die nötige Erfahrung, um bei aufgelegtem Deckel die Luft wirksam zirkulieren zu lassen und die Temperatur gleichmäßig zu halten, stellt sich schon nach wenigen Grillgängen ein. Dann kann man sich auch an anspruchsvollere Zubereitungen wagen, z. B. mit Grills, die mit einer Ladung Holzkohle bis zu 18 Stunden die Temperatur auf 90 °C halten. So viel Zeit ist notwendig, um z.B. ein sechs Kilogramm schweres Brisket butterweich und saftig hinzubekommen. Außerdem ist ein gutes Timing und eine zuverlässige Grillbetreuung unerlässlich.

Ein weiterer Vorteil des indirekten Grillens besteht darin, dass kein Fett oder Saft in die Glut tropfen kann, wenn sich das Grillgut schräg oberhalb der Glut befindet. Eine Tropfschale oder Wanne mit Wasser fängt alle Flüssigkeiten auf, nichts kann in das Grillgerät fließen oder sich an der Glut entzünden. Die Wasserwanne sorgt außerdem für eine bessere Luftfeuchtigkeit, die vor allem lange garenden großen Stücken zugutekommt.

Eine andere Art indirekter Hitzezufuhr ist das Grillen in Alufolie, Topf mit Deckel, Ton, Bananenblatt oder Backpapier. Die Hülle hat zwei Funktionen: Sie stellt einen Schutz vor aggressiver Hitze dar und lässt die Wärme nur langsam und gleichmäßig dosiert einwirken. Zum anderen bleiben sämtliche vorhandenen Aromen eingeschlossen und können sich nicht verflüchtigen. Die Geschmackselemente kombinierter Päckcheninhalte – z. B. Fisch mit Algen und Limette, Rindfleisch mit Ursalz und Thymian oder Wirsing mit Blauschimmelkäse und Walnüssen – können optimal aufeinander einwirken. Nichts kann verbrennen, und die Päckchen können meist auch direkt auf die Hitze platziert werden. Allerdings bilden sich keine Röstaromen, und es sollten nur solche Zutaten verpackt werden, die auch ohne Röstaromen gut schmecken, z.B. Meeresfrüchte, Geflügel- und Fischfilets sowie Käse und manches Gemüse. Besonderer Tipp zum Einpacken: gefüllte Auberginen.

Der Vorteil dabei: Das Gargut gart schonend und stressfrei für den Grillmaster. Auch das Risiko des Verbrennens ist deutlich geringer. Nachteilig hingegen ist die Tatsache, dass das Gargut länger benötigt, um gar zu werden. Außerem ist zu beachten, dass sich nicht auf jedem Grill eine indirekte Zone schaffen lässt.

SMOKEN

Beim Smoken geht es ums Garen und Aromatisieren im Rauch, wie man es traditionell aus Nordamerika kennt. Es ist trotz einiger Gemeinsamkeiten aber nicht dasselbe wie das klassische Räuchern.

Das Smoken ist eine Technik, bei der vor allem größere Fleischstücke gegart und mit Rauch aromatisiert werden, damit sie sofort auf den Tisch kommen. Beim Smoker befindet sich die Hitzequelle nicht direkt unter dem Grillgut, sondern in einer Kammer daneben. Die Innentemperatur steigt daher nur auf maximal 80–120 °C in dem Bereich, wo sich das rohe Lebensmittel befindet. Wegen der geringen Hitze kann sich der Smokevorgang über Tage hinziehen, aber abhängig von der Temperatur und der Größe des Stücks reichen in der Regel auch schon wenige Stunden. Es kommt allein darauf an, dass das Gargut schonend gegart wird, möglichst viel von seiner Feuchtigkeit behält und die Geschmacksstoffe der verwendeten Aromaten von Rubs über Marinaden bis zu den verwendeten Spänen aufnimmt.

Die ideale Temperatur beim Smoken beträgt 90–110 °C. Das hat den Vorteil, dass sich auch Fleischstücke, die einen hohen Anteil an Bindegewebe haben (z. B. Wadenfleisch, Schulter, Brust, Rippenstücke, Ochsenschwanz), butterzart und herrlich aromatisch zubereiten lassen.

Das Wassersmoken wendet man bei großen Fleischstücken an. Unter den Rost kommt eine Wanne mit Wasser, damit das Grillgut in der verdunstenden Feuchtigkeit nicht austrocknet.

Wenn man mit dem Grill oder Smoker räuchert, tut man dies nicht aus Gründen der Haltbarmachung wie beim harten Räuchern früherer Zeiten, sondern um einen bestimmten Geschmack zu erzeugen. Die vergleichsweise strengen Vorgaben des klassischen Räucherns – z. B. wie stark und wie lange salzen bzw. pökeln? – spielen daher bei einer Grillparty keine Rolle. Doch unter Berücksichtigung kulinarischer Ansprüche braucht auch der Umgang mit dem Smoker einige Erfahrung.

Tipp
Auch wer keinen Smoker zu Hause hat, muss deswegen nicht unbedingt auf das Räucheraroma verzichten. Es gibt Keramikgrills, die eine Öffnung für eine Schiene besitzen, über die man während des Grillens bei niedriger Temperatur ab und zu etwas Holz auf die Glut füllen kann. Eine weitere Alternative bieten Räucherschalen, die man in einen einfachen Kugelgrill stellt. Oft reicht es auch schon, gut gewässerte Späne in die etwas kühleren Randbereiche der Glutzonen zu streuen.

RÄUCHERN

Kaltgeräucherter Lachs, heißgeräucherter Stremellachs, Forelle, Schinken, Schweinebauch, Leberwürste und viele weitere Köstlichkeiten mehr werden von manchen handwerklichen Betrieben noch mit traditionellen Techniken hergestellt und erfreuen sich großer Beliebtheit. Aber man kann ohne größeren Aufwand auch selbst räuchern.

Das Räuchern ist ein altes Verfahren, nach dem Lebensmittel mithilfe von Rauch und gegebenenfalls auch Hitze für eine möglichst lange Zeit haltbar gemacht werden sollen. Der Gedanke dahinter war, das sonst empfindliche und verderbnisanfällige Räuchergut wie z. B. größere Mengen gefangenen Fischs nicht sofort verzehren zu müssen und vielleicht zu verkaufen. Oder es sollte – ohne vorhandene Kühlung – an einen anderen Ort transportiert werden. Heute ist man auf die Haltbarmachung des Räucherns nicht mehr angewiesen, aber es wird noch immer wegen seiner geschmacklichen Eigenschaften geschätzt.

Beim Räuchern passiert zweierlei: Zum einen verliert das Räuchergut, das vor dem Räuchern gesalzen oder gepökelt werden muss, einen Teil seiner Flüssigkeit. Den verderbniserregenden Bakterien, die auf Flüssigkeit angewiesen sind, soll auf diese Weise die Lebensgrundlage entzogen werden. Zum anderen dringen bestimmte Rauchbestandteile in das Räuchergut ein und sorgen dort ebenfalls für einen konservierenden Effekt. Heißgeräucherter Fisch sollte möglichst bald gegessen werden, kaltgeräucherter hält sich ein paar Tage, ein kaltgeräucherter Schinken bleibt monatelang ein Genuss. Der Geschmack wird unter anderem durch das jeweils verwendete Holz beeinflusst.

Dabei ist zu beachten, dass das Holz nicht einfach nur verbrennt. Um sein Aroma optimal zu entfalten, muss Holz glimmen. Bei der Verwendung von Räucherschalen liegt das Räucherholz nicht direkt auf der Glut und kann (nicht so schnell) in Flammen aufgehen.

Es wird zwischen Kalträuchern und Heißräuchern bzw. Warmräuchern unterschieden. Beim Heißräuchern werden Fisch oder Fleisch in einer Rauchtemperatur von 60–100 °C über 20–120 Minuten oder auch länger durchgegart. Empfohlen für Geflügel, Würstchen, Forelle, Eier, Gemüse und Kartoffeln.

Beim Kalträuchern darf der Rauch nur 20–26 °C heiß werden und das Räuchergut bleibt roh. Für Schinken, Rind, bestimmte Würste, Lachs, Gänsebrust und Bergkäse. Kalträuchern kann mehrere Tage und Wochen dauern und ist daher für Smoker bzw. Hobbyräucherer eher ungeeignet.

Das Warmräuchern spielt sich bei Temperaturen von 30 –50 °C ab. Ideal für Kassler, Heilbutt, Rotbarsch, Bierwürste, Saitenwürste, Fetakäse und Weichkäse.

RUHEPHASE

Gilt für alle Gartechniken, wird aber oft unterschätzt und gern der Ungeduld geopfert: die Ruhephase. Jedem Stück Fleisch sollte unmittelbar nach dem Garprozess – Grillen, Smoken, auch nach dem Braten – eine Ruhepause von fünf, besser zehn Minuten gegönnt werden. Dafür das Fleisch idealerweise an eine mäßig warme – nicht heiße! – Stelle legen und ruhen lassen. Eventuell in Alufolie packen. In dieser Zeit wirkt die innen gespeicherte Grillwärme von außen nach innen noch etwas fort, und der Fleischsaft verteilt sich gleichmäßig.

Wer hingegen sein Steak unmittelbar nach dem Garen anschneidet, hat immer sofort eine Pfütze auf dem Teller und damit einen Verlust an Aromen sowie Saftigkeit.

GARZEIT & KERNTEMPERATUR

Egal, ob kleine Steaks, halbe Tiere oder ganze Fische – wenn etwas auf dem Feuer gelingen soll, müssen die Kerntemperaturen im Auge behalten werden

Beim Grillen und Smoken von Fleisch, insbesondere von großen und ganz großen Stücken sind zwei wesentliche Dinge zu beachten: Zum einen sollte das Grillgut nicht direkt aus dem Kühlschrank auf den Rost kommen, sondern vorher mit etwas Zeit – je nach Volumen des Stücks eine ganze Stunde oder sogar deutlich länger – Raumtemperatur annehmen. Idealerweise ist es dabei vakuumverpackt, aber es kann auch in Küchenfolie gewickelt sein. Zum anderen wird ein Fleischthermometer benötigt. Es wird so in das Fleisch hineingeschoben, dass der Fühler an der dicksten Stelle des Stücks endet.

Eine Skala zeigt für die Fleischarten Rind, Kalb, Schwein, Lamm und Huhn an, wie weit der innere Garprozess fortgeschritten ist. Auch für Wild geeignet. Die kleinen Messgeräte sind erschwinglich und helfen mit, selbst flache kurzgebratene Stücke im gewünschten Zustand auf den Teller zu bringen. Im Prinzip können mit dieser Methode auch rohe Bratwürste geprüft werden, aber sie sollten immer gut durchgegart sein. Damit sie nicht platzen, immer mit etwas Zeit und nur mit maßvollen Temperaturen arbeiten. Vorgebrühte Würste sind insgesamt weniger empfindlich, können aber auch platzen.

RIND	**rosa**	**medium**	**well done/ durch/gar**
Roastbeef	53 °C	55–60 °C	
Rinderbrust			90–95 °C
Rinderbraten	68–70 °C	70 °C	80–85 °C
Rinderfilet	45–50 °C	50–55 °C	60–65 °C
Flanksteak		55 °C	
Brust/Brisket			85 °C
Falsches Filet		60–65 °C	70–75 °C
Rouladen aus dem Filet		58 °C	
Rouladen aus der Keule			70 °C
Rinderlende	38–55 °C	55–58 °C	
Ribeye-Steak	48 °C	53–55 °C	
T-Bone-Steak	49 °C	54–58 °C	

SCHWEIN	**rosa**	**medium**	**well done/ durch/gar**
Keule	65–68 °C		75 °C
Medaillons	65–67 °C		
Rücken	55–60 °C	65–69 °C	70–80 °C
Schweinefilet	58–62 °C	62–64 °C	65 °C
Kamm/Hals			70–74 °C
Schulter		65–70 °C	75 °C
Pulled Pork			95 °C
Bauch			75–78 °C
Bauch gefüllt			70–75 °C
Rippchen/ Spare Ribs	65 °C		85 °C
Brustspitze			85 °C
Hackbuletten			75 °C
Kotelett mit Knochen			75–80 °C
Spanferkel	65 °C		

KALB	rosa	medium	well done/ durch/gar
Kalbsrücken	65–70 °C		
Schlegel			78 °C
Nierenbraten			75–80 °C
Kalbsbraten			68–74 °C
Kalbsschulter			75–80 °C
Kalbsbrust (gefüllt oder ausgelöst)			75–78 °C
Kalbsbraten gefüllt			70 °C
Oberschale			78 °C
Frikandeau			78 °C
Hachse			80–85 °C
Keule			78 °C
Nierenbraten			75–80 °C
Nuss			78 °C
Schulter-braten			74 °C
Kalbslende		60 °C	
Kalbsfilet		60 °C	

GEFLÜGEL	rosa	medium	well done/ durch/gar
Ente			80–90 °C
Entenbrust	62–65 °C		
Perlhuhn-brust			70 °C
Hähnchen			80–85 °C
Hähnchen-brust			72 °C
Maispoularde			80–85 °C
Poularden-brust			72–75 °C
Pute			80–90 °C
Putenbraten			80 °C

LAMM	rosa	medium	well done/ durch/gar
Lamm			79–85 °C
Lammkeule	60 °C		70–72 °C
Lammrücken	60–62 °C		68 °C
Lammkarree	55 °C		
Lamm-kotelett	55 °C		

FISCH	verzehrfertig
Hecht	63 °C
Lachs	60 °C
Mousse de Poisson	65 °C
Zander	62 °C
Seeteufel glasig	55–60 °C
Seeteufel	62 °C
Thunfisch	62 °C
Krevetten	62 °C
Rotbarsch	55 °C

WILD	rosa	medium	well done/ durch/gar
Rehbraten			75–80 °C
Rehrücken	50–60 °C		
Rehrücken gespickt			58–60 °C
Rehschulter	60 °C		
Hirschrücken	54–60 °C		
Hirschme-daillons	60 °C		
Hirschbraten	60 °C		
Wildschwein-braten			75–78 °C
Wildschwein-filet	60–62 °C		
Wildschwein-keule			75 °C
Kaninchen-keule			65 °C

SOUS VIDE

Mit dieser Gartechnik wird das Grillen zu einem besonderen Geschmackserlebnis

Wörtlich aus dem Französischen übersetzt, bedeutet der Begriff Sous Vide »unter Vakuum« und bezeichnet das Garen von vakuumierten Speisen im Wasserbad. Die Temperatur liegt dabei zwischen 40 und 90 °C.

Durch das möglichst luftfreie Einschweißen des Garguts in einen Vakuumbeutel gelangt von außen nichts hinein und ebenso von innen nichts hinaus. Alle Feuchtigkeit und Geschmacksstoffe bleiben zuverlässig im Fleisch bzw. Fisch, Gemüse oder Obst.

Das Ergebnis ist letztlich ein hocharomatischer Genuss bei maximaler Saftigkeit. Für die Sous-Vide-Methode braucht man das nötige, inzwischen auch recht erschwingliche und für Haushalte geeignete Equipment, ebenso wie etwas Geduld, weil sich die Garzeiten im Extremfall über Tage hinziehen können. Der einzige Nachteil dabei: Es bilden sich keine Röstaromen.

GARZEITEN UND TEMPERATUREN

Mit der richtigen Vorbereitung wird ein größeres Sous-Vide-Grillfest mit vielen Gästen zu einer entspannten Sache. Große Fleischstücke so vorbereiten, dass sie bereits am Vortag fertig sind, aber noch nicht auspacken, sondern kühl legen. Am Tag des Grillens kommt das Gargut samt Vakuumbeutel noch einmal bei 80 °C für etwa 1 Stunde ins Wasserbad, um es aufzuwärmen. Nach dem Auspacken wird es rundherum scharf angegrillt, damit sich Röstaromen entfalten können. Kleine Fleischteile, bis zu 5 cm dick, sollten erst ein paar Stunden vorher fertig vorgegart sein, damit die Fleischstruktur erhalten bleibt.

GRILLGUT	TEMPERATUR	GARZEIT
SPARE RIBS	62 °C	24 Std.
BEEF RIBS	65 °C	48 Std.
BRISKET (RINDERBRUST), 6 CM DICK	65 °C	72 Std.
T-BONE, 4–5 CM DICK	56 °C	1 Std. 30 Min.
HANGING TENDER, 4–5 CM DICK	54 °C	1 Std. 30 Min.
FLANK STEAK, 4 CM DICK	54 °C	12 Std.
RIBEYE STEAK, 5–6 CM DICK	56 °C	2 Std.
LAMMHAXE	62 °C	48 Std.
LAMMKARREE	58 °C	1 Std.
SCHWEINEFILET, 5 CM DICK	58 °C	1 Std.
HÄHNCHENBRUST, 4 CM DICK	62 °C	1 Std.
CHICKEN WINGS	64 °C	2 Std.

TOPF, THERMOMETER UND BEUTEL

Wer das Sous-Vide-Garen nur erst einmal ausprobieren will, braucht dafür nicht gleich eine komplette Ausstattung. Fürs Erste reichen ein großer Topf, ein Küchenthermometer, um die Wassertemperatur zu messen, sowie ein Ziplock-Beutel. Das Gargut, die Kräuter und die Gewürze werden in den Beutel gelegt. Die Luft wird möglichst ganz herausgedrückt. Am besten funktioniert das, indem der Beutel vorsichtig unter Wasser geführt wird, sodass die Luft nach oben steigt und dort entweicht. Doch unbedingt dabei aufpassen, dass kein Wasser in den Beutel gelangt! Dann ist etwas Fingerspitzengefühl gefragt: Sobald die entsprechende Wassertemperatur erreicht ist, den Beutel einlegen. Er muss von allen Seiten von Wasser umschlossen sein. Sollte er an der Oberfläche schwimmen, kann er mit einem wasserfesten Gegenstand beschwert werden. Auch das Thermometer befindet sich im Wasser. Das Regulieren der Temperatur erfolgt bei dieser Methode manuell, das heißt, bei Bedarf wird die Hitze erhöht bzw. reduziert. Dieser Vorgang erfordert einige Aufmerksamkeit. Um schnell auf unvorhergesehene Temperaturschwankungen reagieren zu können, sollten ein Wasserkocher mit heißem Wasser und ein paar Eiswürfel griffbereit sein.

WUNDERBARE RÖSTAROMEN

Das Garen im Wasserbad mithilfe eines Sous-Vide-Geräts beschreibt letztlich nur den Hauptgarprozess. Fleisch, Fisch oder Gemüse werden durch die Wärme des Wassers langsam und schonend auf den Punkt gegart. Trotzdem muss nicht auf Röstaromen verzichtet werden, gerade beim Fleisch könnten sie im Geschmack fehlen. Deshalb Steaks, Filets usw. wie gewohnt in der Pfanne, auf dem Grill oder mit dem Flambierbrenner anrösten. Wichtig zu beachten: Die Hitzeeinwirkung sollte wirklich nur sehr kurz sein – 30–60 Sekunden –, um den Sous-Vide-Effekt nicht zu beeinträchtigen. Ein paar Sekunden von beiden Seiten reichen völlig aus, um etwa bei einem Stück Fleisch die äußerste Schicht der Muskelfasern zu karamellisieren.

Es funktioniert aber auch andersherum: Zuerst kurz und scharf anbraten, dann vakuumieren und im Wasserbad gemächlich garen lassen. Bei dieser Methode haben Röst- und Aromastoffe viel Zeit, sich etwa mit einem zugefügten Fond, Kräutern und Gewürzen zu einem harmonischen Sud zu verbinden, der anschließend als Grundlage für eine Sauce verwendet werden kann. Dies empfiehlt sich besonders bei klassischen Schmorgerichten wie Schulterbraten, Lammkeule oder Gulasch.

DUTCH OVEN

Mit dem gusseisernen Topf über offenem Feuer raffinierte Speisenzubereiten

Der Dutch Oven ist ein speziell geformter schwerer, gusseiserner Topf mit Deckel. Er wird auf einem kurzen Dreibein direkt über die Glut gestellt oder mit einer Kette an einem langen Dreibein etwas erhöht über der Glut aufgehängt. Zwei Besonderheiten machen ihn einzigartig: Zum einen lässt sich Hitze auch von oben zuführen, indem glühende Kohlen auf den geschlossenen Deckel gelegt werden. Zum anderen lassen sich die Töpfe während des Garens stapeln, und es können so mehrere Gerichte gleichzeitig zubereitet werden. Der Dutch Oven wurde in den USA und Australien im 18. Jahrhundert während der großen Pionierzeit populär.

FEUERTOPF

Er ist erhältlich in zahlreichen Größen. Die kleinsten bedienen 1–2 Personen, die größten sogar bis zu 20. Wenn mehrere Töpfe gestapelt werden, können noch viel mehr Portionen zubereitet werden. Da mit dem Dutch Oven auch gebacken werden kann, ist er vielseitig verwendbar. Die dickwandigen Töpfe leisten selbst bei strengen Wintertemperaturen gute Dienste und lassen ein besonderes Outdoor-Feeling entstehen. Der Umgang mit dem Gusstopf ist aber nichts für den schnellen Hunger und das Warten auf das Kochergebnis verlangt etwas Geduld. Es müssen meist mehrere Stunden Vor- und Zubereitungszeit eingeplant und daher immer früh anfangen werden. So ist die Vorfreude auf einen deftigen Genuss unter freiem Himmel besonders groß.

BACKEN UND BRATEN ÜBER OFFENEM FEUER

Für die Zubereitung der Speisen im Dutch Oven gibt es Faustregeln:

Beim Kochen beispielsweise von Suppen und Eintöpfen gilt: Ein Drittel der heißen Briketts oder Kohlen auf dem Deckel und zwei Drittel unter dem Behälter verteilen.

Beim Backen, beispielsweise von Brot und Kuchen, gilt: Zwei Drittel der heißen Briketts oder Kohlen auf dem Deckel und ein Drittel unter dem Dutch Oven verteilen.

Beim Schmoren, beispielsweise von Schweinebraten, gilt: Die eine Hälfte der heißen Briketts oder Kohlen auf dem Deckel, die andere unter dem Topf verteilen.

Beim Braten, beispielsweise von Kartoffeln, gilt: Heiße Briketts oder Kohlen nur unter dem Dutch Oven verteilen, damit sich die ganze Hitze dort konzentrieren kann.

Durch die unterschiedliche Verteilung der Briketts oder Kohlen wird eine differenzierte Ober- und Unterhitze erzeugt. Auf diese Weise lässt sich der Dutch Oven für alles nutzen, was auch sonst in einem Topf gar werden kann.

Grundsätzlich gilt: Mit weniger Glut beginnen und besser noch Hitze nachlegen. Je nach Größe der Briketts oder Kohlen wird mehr oder weniger Brennstoff benötigt. Aber Briketts oder Kohlen nie abzählen, und besser eine kleine Reserve immer griffbereit halten. Die genaue benötigte Menge ist eine Sache der Erfahrung, die man sich beim regelmäßigen Umgang mit dem Dutch Oven schnell aneignet.

DIE GUSSEISERNE BACKFORM

Feuerstellen bieten sich auch zum Backen von Brot oder Kuchen an. Dafür kann entweder der klassische Dutch Oven oder als Alternative eine gusseiserne Brot- bzw. Gugelhupfform mit Deckel verwendet werden.

Wichtig dabei ist, dass sich genügend Glut unter und über der Form befindet, damit der Teig wie in einem Backofen backen kann. Für das Outdoorbacken gilt dasselbe wie für den Backofen: Zu viel Hitze schadet und kann den Teig verbrennen. Deshalb auf eine angemessene Dosierung der Hitzespender achten!

Besonders geeignet für:

Zum Schmoren und für Eintöpfe in kleinen und sehr großen Mengen sowie für das Backen von verschiendenen Broten und Kuchen

WARENKUNDE FLEISCH & GEFLÜGEL

Was macht gutes Fleisch aus und worauf muss geachtet werden?

QUALITÄT

Eine Zubereitung kann niemals besser werden, als es die Qualität der Zutaten zulässt. Gute Ergebnisse lassen sich nur mit guten Qualitäten erzielen, denn auf die sollte schon beim Einkauf geachtet werden.

Bei der Fleischqualität spielen Haltung, Fütterung und nicht zuletzt auch die Schlachtung eine große Rolle. Konnten sich die Tiere frei bewegen? Sind sie als Stall- oder Weidetiere aufgewachsen? Welches Futter haben sie gefressen? Daneben sind natürlich auch das Geschlecht, die Rasse und das Alter des Tiers entscheidend für die Qualität des Fleischs. Je nach Rasse und Körperbau werden bei den Tieren die Muskeln und das Fettgewebe unterschiedlich stark beansprucht.

Wer die Möglichkeit hat und einen für ihn vertretbaren Mehraufwand nicht scheut, sollte sich für den Einkauf von Fleisch einen Metzger oder Landwirt seines Vertrauens suchen. Dieser weiß, wo und wie das Tier aufgewachsen ist, wie es gefüttert und geschlachtet wurde – alles Kriterien, die die Güte von Fleisch maßgeblich beeinflussen. Ob Supermärkte bzw. große Handelsketten gehobene Qualitätsansprüche erfüllen, darf angezweifelt werden. Es sollte aber stets im Einzelfall geprüft werden, dass sich auch große Anbieter auf die Bedürfnisse des Marktes einstellen und einige sich zum Beispiel mit vertrauenswürdigen Bio-Verbänden zusammenschließen. Letztlich entscheidet das, was sich auf dem Teller bzw. auf dem Grill vor einem befindet. Das Fleisch von möglichst schnell aufgezogenen, nicht artgerecht gehaltenen, billig gefütterten und unter großem Stress geschlachteten Tieren kann niemals von allerbester Beschaffenheit sein und schrumpft beim Grillen in wenigen Augenblicken oft auf die Hälfte zusammen.

Es gibt auch die Möglichkeit, direkt beim Erzeuger einzukaufen. Vertrauen entsteht vor allem dort, wo bereitwillig dazu eingeladen wird, sich selbst ein Bild von der Lebenssituation der Tiere zu machen. Das gilt für Rinder, Schweine, Schafe und Geflügel. Wild bezieht man am besten vom Jäger, der die Tiere selbst in freier Wildbahn geschossen hat. Es gibt nämlich auch sogenanntes Gatterwild, das eingezäunt lebt, sich nicht aus dem Futterangebot der Natur bedienen kann und kaum Bewegung hat. Oder aber es wurde importiert, und dann kann im Allgemeinen noch viel weniger über seine Herkunft herausgefunden werden.

REIFUNG

Erst durch den Vorgang der Reifung erhält das Fleisch seine volle Qualität. Durch diesen Prozess wird es zart und aromatisch. Die dafür benötigte Dauer ist von der jeweiligen Tierart abhängig.

Grundsätzlich wird zwischen der Trocken- und der Nassreifung unterschieden: Bei der Trockenreifung wird das Fleisch ca. 2–6 Wochen am Knochen gereift. So wurde vor etwa 50 Jahren auch bei uns noch Fleisch gereift. Heute erlebt die Methode ihr Revival unter dem Namen »dry aging«. Vor allem Rindfleisch wird dabei trocken am Knochen gereift, was ihm ein besonders feines und leicht nussiges Aroma verleiht. Bei der Nassreifung werden die Tiere nach 7 Tagen zerlegt und in Beuteln vakuumiert. Heutzutage besteht ein Großteil des Angebots aus nass gereiftem Fleisch.

Bei beiden Verfahren wird darauf abgezielt, dass sich das Bindegewebe zersetzt und das Fleisch mürbe und zart wird. Es hat dann auch kürzere Garzeiten. Dabei entsteht Milchsäure, die das Bindegewebe auflockert, das Eiweiß teilweise abbaut und damit Aroma und Haltbarkeit verbessert. Bei der Nassreifung geht der Vorgang in der Regel schneller als bei der Trockenreifung, da das Fleisch quasi im eigenen Saft schwimmt. Das Fleisch kann allerdings etwas säuerlich schmecken. Bei der Trockenreifung geht viel Gewicht verloren, und es muss in der Regel einiges weggeschnitten werden.

Das Fleisch gewinnt allerdings an geschmacklicher Intensität. Das erklärt den Preisunterschied. Je nach Tierart muss Fleisch unterschiedlich lange reifen:

Rindfleisch: Je nach Art am besten über einen Zeitraum von 3–8 Wochen in der Reifekammer reifen lassen; die Talgreifung wird nur selten praktiziert.

Kalbfleisch: Wird in der Regel nach 1–5 Tagen bereits weiterverarbeitet.

Schwein: Kann schon nach 24 Stunden komplett verarbeitet werden.

Lamm: Wird 1–5 Tage hängen gelassen.

Geflügel: Wird in der Regel nicht gereift, kann bereits einen Tag nach dem Schlachten schon komplett verarbeitet werden.

Wild und Wildgeflügel: Sollte meist ein paar Tage (im Fell) hängen und reifen, bevor es verarbeitet wird.

Der Experimentierfreude sind aber keine Grenzen gesetzt: Es werden immer wieder und auch erfolgreiche Versuche gemacht, z. B. Schweinefleisch und Geflügel nach dem Dry-aging-Verfahren reifen zu lassen und auf dem Markt zu etablieren. Solche Anbieter finden sich u. a. im Internet.

CUTS

Jedes Teilstück eines Tieres hat spezifische Eigenschaften, die sich auf Geschmack, Zartheit und Behandlung in der Küche auswirken

GEFLÜGEL

Die Beliebtheit von Geflügelfleisch resultiert aus seiner Vielseitigkeit: Die Gesundheitswerte sind hoch, die Garzeiten kurz, es hat geschmacklich viel zu bieten und kann außerdem abwechslungsreich zubereitet werden. Wobei je nach Gewicht, Alter und Geschlecht zwischen Hähnchen (700–1200 g, 5–6 Wochen alt), Poularden (über 1200 g, 10–12 Wochen alt) und Stubenküken (200–750 g, nicht älter als 4 Wochen) unterschieden werden muss. Sie kommen ganz oder zerlegt über die Glut. Teile von Ente und Pute sind ebenfalls das ganze Jahr gefragt, während Gänse als Saisonartikel im Herbst und Winter auf den Rost kommen.

ZUBEREITUNG DER GEFLÜGELTEILE

Im Ganzen: Zubereitung auf Bierdose, Geflügelhalter oder am Drehgrill.

Innereien: Magen, Herz und Leber bieten sich für vielfältige Spieße an. Vorher gut waschen, trocken tupfen und alles gleich groß schneiden.

Brust: Wird im Ganzen mit oder ohne Haut oder in Würfel geschnitten auf Spießchen gegrillt.

Keulen: Lassen sich im Ganzen oder zerteilt mit oder ohne Haut grillen.

Flügel/Wings: Im Ganzen mit Haut grillen. Am besten vorher marinieren.

Tipp

Rohes Geflügelfleisch ist ebenso wie Wildbret sehr anfällig für Erreger. Es sollte daher bis kurz vor dem Grillen gut gekühlt werden bzw. in einer Kühltasche mit an den Grillort genommen werden.

SCHWEIN

Schweinefleisch ist meist etwas fetthaltig und verspricht daher immer einen saftigen Genuss. Seine kulinarische Vielseitigkeit sollte daher stets ausgereizt werden, damit die Schweinesteaks, die auf keiner Grillparty fehlen dürfen, nie langweilig werden. Optimale Qualität beim Schweinefleisch kann an einem angenehmen Geruch, einer zarten bis kräftigen rosa Farbe, sowie an weißen Fettadern und -rändern festgestellt werden. Qualitätstest: Das Fleisch sollte fest sein und auf Fingerdruck zwar leicht nachgeben, aber keine Mulde hinterlassen. Schweinefleisch immer durchgaren, am besten bis knapp über rosa, dann ist es am saftigsten.

ZUBEREITUNG DER FLEISCHTEILE

Bauchfleisch: Meist in Scheiben geschnitten und mariniert oder als Würfel für Spieße. Im Ganzen kommt es mariniert und vorgekocht auf den Grill.

Filet: Gut als Medaillons, im Ganzen oder als Spieß. Sehr zart, nur kurz garen.

Kotelett: Vorher nass oder trocken marinieren, mindestens eine Stunde lang, besser über Nacht. Kotelettrippchen am Stück sind in den USA als Baby Back Ribs aus dem oberen Rippenbogen äußerst beliebt. Bietet sich als Fingerfood an.

Hals/Schulter: Meistens als Steaks, im Smoker auch im Ganzen (Pulled Pork).

Spare Ribs: Lange marinieren und langsam grillen. Vorher bedenken: Der Appetit auf die Köstlichkeit ist immer größer als vorher gedacht, und der Platzbedarf auf dem Grill dann ebenfalls.

Nacken: Ist meist gut durchwachsen und wird auch im Ganzen gegrillt (Pulled Pork).

Ober-/Unterschale: Hieraus werden Bratenstücke und Schnitzel geschnitten.

Spießbraten: Bauch- oder Schulterfleisch lässt sich zu Rollbraten binden. Auf den Drehspieß stecken oder unter die Haube legen. Braucht etwas Zeit.

Ganze und halbe Spanferkel: Gefüllt oder nicht, auf dem Drehspieß immer ein Hingucker. Könnte auch ruhend unter dem Deckel gegart werden. Dann zwischendurch immer mit abtropfendem Fond bepinseln.

Ganze Schinken und Rücken: Für mehr Geschmack und Saftigkeit im Vorfeld einer Würzlake einspritzen.

RIND & KALB

Rindfleisch von guter Qualität sollte immer gut gereift sein, umso besser gart es, und umso mehr Geschmack hat es. Die Qualität von Rindfleisch zeigt sich an der Marmorierung, die wiederum von Alter, Haltung und Rasse abhängt. Das enthaltene Fett schmilzt während des Garens weitgehend und begünstigt als Geschmacksträger ein ausgeprägtes Aroma. Außerdem garantiert es eine schöne Saftigkeit. Das Fleisch von älteren Bullen ist sehr dunkel, das von Kälbern erheblich heller.

ZUBEREITUNG DER FLEISCHTEILE

Kalbskotelett: Ist mit Knochen gegrillt saftiger, auf jeden Fall nie zu heiß grillen.

Kalbsfilet: Kommt meist in Form von Medaillons oder als edle Spieße auf den Rost.

Rinderfilet: Eins der beliebtesten Steaks überhaupt. Aus Spitzen und Kopf lassen sich schnell zu garende Spieße machen. Schöner Eigengeschmack, für Würzexperimente zu schade.

Kalbshüfte: Im Ganzen als Braten indirekt oder als Steak direkt grillen.

Kalbshaxe: Am besten mehrere Stunden smoken, dann sind auch Sehnen und Bindegewebe schön zart.

Rinderbrust/Brisket: Schön marmorierte Brustspitze, ideal für etwa 10–16 Stunden Garzeit und bei niedriger Temperatur im Smoker. Kann auch zuerst ins Sous-Vide-Bad gegeben werden.

Roast Beef: Auch Rumpsteak genannt, marmoriert, als Steaks oder am Stück.

Ribeye: Auch Entrecôte genannt, bekannt für sein charakteristisches Fettauge.

Flat Iron/Nacken: Sehr gut mit Fett durchwachsen und äußerst aromatisch.

Spider Steak/Kachelfleisch: Schön marmoriert, erinnert im Zuschnitt an eine Fledermaus.

Short Ribs: Stammen aus den stark mit Fett überwachsenen Brustrippen.

LAMM

Bei Lammfleisch kommt es auf das Alter des Tieres an. Faustregel: Je jünger, desto zarter die Konsistenz – aber auch von leicht geringerem Aroma. Lämmer kommen spätestens im Alter von zwölf Monaten zum Schlachter, bei älteren Tieren spricht man dann von Schafen. Ist das Lamm noch keine sechs Monate alt, handelt es sich um ein sogenanntes Milchlamm.

Gutes Lammfleisch erkennt man an seiner besonders feinen Marmorierung. Dabei sind Fett und Fleisch umso heller, je jünger das Tier war. Ganze und halbe Tiere können beim Schlachter, im Lammfachgeschäft oder bei türkischen Händlern vorbestellt werden. Ihre Zubereitung braucht meist ein paar Stunden.

ZUBEREITUNG DER FLEISCHTEILE

Filet/Lachs: Im Ganzen wie als Medaillons ideal, passt auch auf kleine Spieße. Sehr zartes, mageres Fleisch.

Rücken mit Knochen: Im Ganzen indirekt grillen. Am besten vorher lange marinieren.

Kotelett: Typisch mit langen Rippenknochen. Sie lassen sich einzeln und auch als Rückenstück grillen.

Keule: Festes Muskelfleisch und daher auch kräftig im Geschmack. Kommt meist in Scheiben geschnitten als Steaks auf den Grill. Aber auch im Ganzen mit Knochen und muss dann unter dem Deckel gegart werden.

HACKFLEISCH UND WÜRSTE

Hackfleischzubereitungen und Würste sind die zeitlosen Klassiker auf den Grillrosten. Schnell zubereitet und selbst Grillanfänger können kaum etwas falsch machen.

Buletten: Aus gewolftem Fleisch von Rind, Schwein, Kalb und Lamm. Sortenrein oder gemischt. Aus purem Fleisch oder mit eingeweichtem Brötchen und Ei. Aber immer herzhaft gewürzt.

Patties: Traditionell aus reinem Rindfleisch, am besten mit einem ca. 20-prozentigen Fettanteil, weil sie sonst trocken wirken und meist sehr kompakt werden. Burger lassen sich ebenso gut aus jedem anderen Fleisch zubereiten – allein die Vorliebe entscheidet.

Würste: Verschiedene Grill- bzw. Bratwürste – fein oder grob, vorgegart oder roh, kurz, lang oder als Schnecke – werden entweder im Ganzen oder an Spießen gegrillt. Für alle Wurstspezialitäten gilt: Nicht zu heiß grillen, sonst platzen sie auf.

WARENKUNDE FISCH & MEERESFRÜCHTE

Egal, ob direkt oder indirekt, offen oder mit Deckel – technisch ist mit Fisch und Co. alles machbar. Und kulinarisch ebenso

FISCH

Fisch und Meeresfrüchte haben in frischem Zustand die besten Eigenschaften. Tiefgefrorene Ware kann zum Grillen zur zweiten Wahl werden, wenn durch das Einfrieren die Zellstruktur zerstört wurde und nach zu schnellem Auftauen Wasser und Aroma verloren gegangen ist. Dies gilt vor allem für Fisch, der unter Haushaltsbedingungen eingefroren und wieder aufgetaut wurde. Professionell hergestellter TK-Fisch ist nach dem Auftauen – oft schon aufgetaut im Geschäft erhältlich, sonst nach der Tiefkühlung erst einmal in den Kühlschrank legen – in einem meist annehmbaren Zustand

FRISCHEKUNDE BEI GANZEN FISCHEN

» Frischer Fisch sollte immer klare, pralle Augen und hellrote Kiemen haben.

» Die Fischhaut ist idealerweise glänzend und von einer leicht schleimigen Schicht überzogen.

» Ganze Fische und Filets sollten immer festes Fleisch aufweisen und elastisch sein, das heißt, auf Druck darf keine Mulde im Fleisch zurückbleiben.

» Schuppen müssen immer fest sitzen.

» Frischer Fisch und Muscheln riechen nach Meerwasser, Salz und Algen, und keinesfalls nach Fisch.

FRISCHEKUNDE BEI FILETIERTEM FISCH

» Fischfilets sollten ebenfalls geruchsfrei sein und nach Meer riechen.

» Die Fischstücke sollten frei von Gräten sowie Hautresten sein.

» Wenn mit Haut angeboten, sollte das Fischfilet unversehrt sein.

FISCHE IM GANZEN RICHTIG GRILLEN

» Grundsätzlich immer: Fisch vor der Zubereitung gründlich abspülen! Dann trocken tupfen, eventuell säuern und salzen bzw. würzen.

» Ganze Fische gelingen am besten in einem Klappgitter, weil sie sich so am besten wenden und auf ihren Garzustand prüfen lassen. Alternativ packt man sie in Bananenblätter, Alufolie oder Backpapier.

» Große Fische vor dem Garen außen mit einem Messer mehrfach schräg leicht einschneiden, würzen und eventuell innen mit Kräutern, Gewürzen oder Gemüse füllen.

» Wenn ganze Fische direkt auf den Rost kommen, Fische und Rost vorher gut einölen.

» Mit etwas Holz oder Spänen in der Glut erhält Fisch zusätzlich ein angenehmes Raucharoma. Hat bei Fettfischen wie Lachs, Makrele, Sardine, Heilbutt und Hering den besten Effekt.

» Sobald sich die Rückenflosse leicht herausziehen lässt, ist der Fisch gar.

FISCHKOTELETTS UND -FILETS RICHTIG GRILLEN

» Damit die Fischstücke nicht auf dem Rost ankleben, sind Hilfsmittel wie Grillgitter, Fischhalter, Grillschale oder Grillpfanne sehr empfehlenswert. Wichtig: Vor der Verwendung gut einölen.

» Die Fischfilets oder -koteletts direkt bei starker Hitze grillen – aber gut darauf achten, dass die Fische nur soeben gar, aber nicht trocken werden. Wenn Filets eingewickelt werden, immer auch an Gemüse, Kräuter, spezielle Salze oder Gewürze denken.

» Für ein zusätzliches reizvolles Aroma die Fischfilets mit Haut auf gewässerten Brettern aus Zedern- oder Buchenholz in die Nähe der Hitze legen. Fisch vorher frisch würzen oder 24 Stunden beizen. Diese Technik bietet sich auch zum Heißräuchern an.

» Fischwürfel, Garnelen oder andere Meeresfrüchte im Wechsel mit Gemüse auf Spieße geschoben, ist ebenfalls eine Möglichkeit, die viel Abwechslung bietet und der kulinarischen Fantasie freien Lauf lässt.

MUSCHELN

Die leckeren Schalentiere bieten sich auch für variantenreiche Zubereitungen auf dem Grill an.

FRISCHEKUNDE BEI MUSCHELN

» Bei Muscheln – Mies-, Venus-, Teppich-, Kamm- und Jakobsmuscheln sowie Austern – kommt es kompromisslos auf Frische an.

» Faustregel: Vor dem Garen alle geöffneten Exemplare aussortieren und entsorgen und nach dem Garen alle, die noch geschlossen sind.

» Vor der Zubereitung nie lange ungekühlt lassen und anschließend bald verzehren.

» Auch ein Geruchstest gibt Hinweise auf die Frische: Sie sollten stets appetitlich nach Meerwasser und Salz duften.

KRUSTENTIERE

Meeresbewohner wie Garnelen, Hummer, Krebse und Co. gelten als Delikatesse und sind entsprechend teuer. Vom Grillrost besonders köstlich. Zudem enthalten sie kaum Fett und liefern hochwertiges Eiweiß, allerdings wie Muscheln auch reichlich Cholesterin.

FRISCHEKUNDE BEI KRUSTENTIEREN

» Ob man Krustentiere lebend besorgen und dann verarbeiten möchte, ist einerseits eine Frage der Möglichkeiten, andererseits der Bereitschaft, sie zu töten. Aber in ihrer Frische sind sie unschlagbar, sofern diese Frische auch erkannt bzw. herausgeschmeckt werden kann. Im Allgemeinen bietet der Handel Tiefkühlware an, an deren Qualität nicht zu zweifeln ist, und auf die auch vertrauensvoll zurückgegriffen werden kann.

» Bei Garnelen immer darauf achten, dass die Tiere aus dem Meer kommen. Die Herkunftskennzeichnung lautet »Seawater«. Sie sind topfrisch, denn sie werden auf dem Schiff sofort verarbeitet und unter Verwendung von Meerwasser eingefroren.

» Bei Tieren aus Süßwasser – »Freshwater« – handelt es sich um Produkte aus Aquakulturen. Meist kommen sie aus Indien, Indonesien, Thailand oder Vietnam. Sie unterscheiden sich von Seawater-Produkten oft in der Größe und Geschmacksintensität, insgesamt ist ihre Qualität nicht so gut wie die der Seawater-Tiere. Aber es kommt auch sehr auf die individuelle Haltung in den einzelnen Farmen an.

Hummer/Langusten/Krebse (lebend)

» Wenn die lebenden Tiere in die Hand genommen werden, sollten sie sich versteifen und schnelle Reaktionen zeigen. Sie rollen den Schwanz ein – eine typische Schutzhaltung.

» Zum Frischetest sollte man die Scheren und Fühler in die Höhe halten. Sie dürfen bei noch lebenden Tiere nicht herunterhängen. Das wäre ein untrügliches Zeichen dafür, dass sie schon tot sind oder kurz vor dem Verenden stehen.

Garnelen/Kaisergranat

» Je nach Art sollte die Farbe zwischen blaugrau und rot sein. Auch ein Geruchstest hilft weiter: Sie müssen frisch nach Meer, Salz und Algen riechen.

» Wenn die Farbe sich an Füßen und Scheren dunkel färbt, ist das ein Zeichen von Oxidation. Ein Hinweis darauf, dass sich das Eiweiß verändert und verdirbt.

» Die Schalen müssen fest am Muskel sitzen. Fallen sie ab oder lösen sich leicht, ist das ebenfalls ein Hinweis auf Überlagerung.

» Wenn man die Tiere an den feinen Fühlern hält, dürfen diese nicht nachgeben.

KRUSTENTIERE RICHTIG GAREN

» Hummer und Langusten zum Töten nur kurz in sprudelnd kochendes Wasser geben. Danach halbieren und Scheren abnehmen, die Teile würzen und auf direkter Hitze grillen.

» Garnelen und Kaisergranat lassen sich im Ganzen mit Schale grillen, so entfalten sie ihr volles Aroma und einen einzigartigen Geschmack.

» Alternativ lassen sie sich auch von der Rückenseite her so halbieren, dass sie auf der Unterseite noch immer etwas zusammenhängen (Schmetterlingsschnitt). Dann würzen und direkt auf der Fleischseite auf die Hitze geben.

» Geschälte Garnelen würzen und marinieren. Am besten mithilfe eines Klappgitters grillen. Dabei aufpassen: Sie sind sehr schnell gar!

» Geschälte Garnelen bieten sich auf ideale Weise dazu an, zusammen mit Gemüse, Kräutern und Gewürzen im Päckchen gegart zu werden. Exzellente Aromen sind dabei garantiert

TINTENFISCHE

Sepia, Kalmar und Pulpo sind die bekannten genießbaren Tintenfische. Auf dem Grill laufen sie zu kulinarischer Hochform auf.

FRISCHEKUNDE BEI TINTENFISCHEN

Tintenfisch wird frisch, aufgetaut und tiefgekühlt angeboten. Bei Thekenware den Händler fragen. Nachteil der TK-Ware: Der Fisch lässt sich meist nur im Block auftauen und nicht einzeln entnehmen.

» Bei allen Tintenfischsorten sollte die Haut grau bis leicht rosa sein. Wenn sich die Haut dunkelrosa verfärbt, kann dies ein Zeichen dafür sein, dass sie verdorben sind.

» Beim Pulpo, auch Krake oder Oktopus genannt, sollten die Augen klar sein.

» Frische Sepia oder Kalmare haben eine leicht gräuliche Farbe. Sind sie schneeweiß, kann es bedeuten, dass sie nicht mehr frisch sind.

» Die Tinte bei frischen Tieren ist schwarz und flüssig. Bei alten oder eingefrorenen Tieren ist sie oft grau und dick oder fest (koaguliert).

PULPO & TINTENFISCHE RICHTIG GRILLEN

» Pulpo am besten vorher weich kochen. Dann trocken tupfen, würzen und entweder im Ganzen oder mithilfe eines Klappgitters grillen.

» Andere Tintenfische vorbereiten, trocken tupfen und bei sehr starker Hitze grillen. Wichtig ist, dass sie schnell garen, sonst können sie zäh werden. Auch für Spieße gut geeignet.

WARENKUNDE GEMÜSE

Gemüse hat längst seinen festen Platz auf den Grills dieser Welt erobert. Was es zu beachten gibt

WEICHES GEMÜSE, GRÜNZEUG & CO

Hier handelt es sich um Gemüsesorten wie Tomaten, Spargel oder Zucchini, auch Salat. Durch ihren hohen Wasseranteil entsteht beim Garen Wasserdampf, der mit dazu beiträgt, dass das Gemüse weich wird. Zusammen mit etwas Öl oder Marinade entstehen verführerische Aromen. Wer es leicht geräuchert mag, streut während des Grillens ein paar Holzspäne über die Glut.

Aubergine: In Scheiben geschnitten, mit Kräuteröl bestrichen und direkt Grillen. Alternativ längs halbieren, mit Gewürzen und Ölen aromatisieren und einwickeln.

Fenchel: Geviertelt eignet er sich perfekt für die direkte Hitze, in der Folie z. B. mit Pastis oder Wein verfeinern.

Gemüsepaprika: Am Spieß, halbiert, in Streifen oder gefüllt, solo oder in leckerer Gesellschaft – die Schoten sind die perfekten Allrounder. Am besten gleich ein bisschen mehr auf den Rost bringen. Geröstete Paprika lässt sich gut häuten, in Würzöl einlegen und bei nächster Gelegenheit als Antipasti auf den Tisch bringen.

Grüner und weißer Spargel: Entweder mit Butter, Kerbel und Ursalz oder mit Olivenöl, Meersalz und Parmesan in der Folie garen – so simpel wie genussvoll.

Pilze: Zwei Vorteile der ganz Großen: Auch wenn sie schrumpfen – das tun sie immer – bleiben ordentliche Bissen zurück. Ohne Stiel und umgedreht sind sie ideal zum Füllen.

Salate: Kopfsalat, Radicchio, Chicorée, Romana oder Löwenzahn direkt auf dem Rost erfordern Erfahrung und Aufmerksamkeit. Am besten zusammen mit kraftvollen Geschmacksträgern, z. B. feinem Bacon, in Folie packen.

Tomaten: Kleine aromatische Tomaten wollen am liebsten auf den Spieß und immer wieder z. B. mit einer Mischung aus Olivenöl, Honig und Meersalz bestrichen werden. Sehr feste Fleischtomaten lassen sich, in dicke Scheiben geschnitten, direkt grillen, oder aber auch raffiniert füllen.

Mittlere Größen wie Strauch- oder Rispentomaten kommen halbiert direkt auf den Rost und machen sich scheibenweise in diversen Päckchen gut, z. B. mit Feta, Oregano und Pfeffer.

Zucchini: In dicke Scheiben schneiden oder auch längs halbieren und füllen. Da das Gemüse an sich einen eher zurückhaltenden Eigengeschmack besitzt, sind verschiedenen Kombinationen mit anderen grillfähigen Zutaten keine Grenzen gesetzt.

HARTES GEMÜSE UND KNOLLEN

Kartoffeln, Möhren, Kürbis, Rote Bete oder Wurzeln brauchen zum Garen deutlich mehr Zeit und indirekte Hitze. Sie sind hocharomatische Begleiter zu Fisch, Geflügel und Fleisch. Damit es etwas schneller geht, vorher ein wenig in Salzwasser angaren, gut abtupfen und anschließend mit Öl bestreichen.

Wichtig, und das gilt nicht nur für die harten Sorten: Verschiedene Gemüsesorten immer so kombinieren bzw. vorgaren, dass sie gleichzeitig gar werden.

Kartoffeln: Ob mit oder ohne Schale – vorgekocht oder mit leichtem Biss, werden sie gleichzeitig mit vielen anderen Gemüsesorten gar.

Knoblauch: Einzelne Zehen, mit Kräutern und Öl in der Alufolie gegart, sind eine herrliche Nascherei. Ganze Knollen vom Grill lassen sich Zehe für Zehe ausdrücken und, mit Salz verrührt, als Würzcreme verwenden.

Kürbis: Erst Kerne und das weiche Innenleben herausschaben, dann je nach Sorte schälen und in Spalten schneiden. Lässt sich sowohl direkt als auch in Folie gewickelt grillen.

Mais: Kleine junge Maiskolben werden bei direktem Grillen gar, große Kolben müssen in Salzwasser vorgekocht werden.

Möhren, Rüben, Rettich: Schälen und im Ganzen auf den Grillrost packen. Die großen Exemplare am besten mit etwas Zucker, Salz und Butter oder Öl in Folie einwickeln und dann grillen.

Schalotten: Kleine Schalotten mit Speckwürfeln auf Spieße schieben und bei direkter Hitze grillen.

Zwiebeln: Lecker im Ganzen und in der Schale gegrillt. Danach mit einem Dip oder einer Vinaigrette anmachen. Große Exemplare aushöhlen und füllen.

Tipp
Grill und Obst vertragen sich gut – aber immer nur reife und noch feste Früchte verwenden. Weiche Sorten, z. B. Erdbeeren oder Mirabellen, auf Spieße schieben, nur kurz angrillen und anschließend beispielsweise mit flüssiger Schokolade überziehen.

WÜRZEN & MARINIEREN

Für Abwechslung und Gaumenkitzel bei der Fleischzubereitung sorgen die richtigen Gewürze. Worauf kommt es an?

Gutes, hochwertiges Fleisch hat so viel köstliches Eigenaroma, dass bestenfalls nur ein paar Krümel Salz nötig sind, damit es perfekt schmeckt. Trotzdem wird gern zu allen möglichen Aromaten gegriffen, um dem Stück auf dem Teller eine besondere Note zu geben. Das liegt zum einen daran, dass die Lust auf Geschmack immer wieder nach Abwechslung ruft, hängt aber auch damit zusammen, dass Küchenkräuter und Gewürze nicht nur unseren Gaumen verwöhnen, sondern auch zu einer besseren Bekömmlichkeit beitragen, die Verdauung unterstützen und auch sonst viel zu unserem Wohlbefinden beitragen. Im Prinzip ist das Würzen von Fleisch eine reine Geschmackssache. Jeder entscheidet individuell, was er mag und was nicht. Dennoch gibt es Erfahrungswerte, welches Kraut zu welcher Fleischsorte eher gut oder vielleicht auch gar nicht passt. Außerdem hilft es zu wissen, wie mit Kräutern und Gewürzen richtig umgegangen wird, um die Entfaltung der Aromen zu unterstützen und ein Verkochen oder Verbrennen zu vermeiden.

AROMENVIELFALT

Welche Aromen gibt es überhaupt? Diese Frage beantwortet die britische Kochautorin Niki Segnit in ihrem Buch »Der Geschmacksthesaurus«. Dort werden die wichtigsten Lebensmittel jeweils den folgenden uns bekannten Geschmacksrichtungen zugeordnet: würzig, waldig, frisch-fruchtig, mild-fruchtig, Zitrusaromen, von Strauch und Hecke, blumig-fruchtig, geröstet, Fleisch, käseartig, erdig, senfartig, schwefelig, maritim, Lake und Salz, grüne und Grasaromen. Innerhalb dieses Spektrums findet alles Schmecken und Würzen statt. Geschmack ist unbestreitbar eine ganz persönliche und individuelle Angelegenheit. Nicht jeder mag alles und nicht alle mögen dasselbe. Wenn jedoch hier von Geschmack die Rede ist, sind die Aromen gemeint, die das Schmeckbare nicht nur an einem Stück Fleisch, sondern auch an allen anderen möglichen Lebensmitteln ausmachen. Aromen verlangen Behutsamkeit im Umgang, denn was dem einen Genießer schon ein aufdringliches Zuviel ist, empfindet der andere noch als zu fade, und er möchte augenblicklich nachwürzen.

TRADITIONELLES WÜRZEN

Beim Würzen von Fleisch sind wir in unseren Breiten über Salz und Pfeffer hinaus bestimmte Kombinationen gewohnt. Auch wenn wir persönlich nicht jede einzelne mögen, so sind sie uns doch vertraut. Die nachfolgenden Empfehlungen entsprechen weitgehend unserer Traditionsküche (ohne Anspruch auf Vollständigkeit).

WELCHES FLEISCH ZU WELCHEM GEWÜRZ?

Rindfleisch: Thymian, Petersilie, Schnittlauch, Oregano, Majoran, Liebstöckel, Knoblauch, Zwiebeln, Meerrettich, Chili, Muskat, Paprika, Piment, Wacholderbeeren, Säure

Schweinefleisch: Rosmarin, Fenchel, Petersilie, Salbei, Knoblauch, Zwiebeln, Chili, Muskat, Paprika, Kümmel, Lorbeer, Säure, Süße, Koriander, Senf, Ingwer, Nelke.

Kalbfleisch: Estragon, Salbei, Kerbel, Paprika, Basilikum, Knoblauch, Zwiebeln, Säure

Lammfleisch: Thymian, Oregano, Rosmarin, Majoran, Minze, Kräuter der Provence, Knoblauch, Zwiebeln, Piment, Chili, Minze, Säure

Geflügel: Petersilie, Majoran, Beifuß, Thymian, Zwiebeln, Knoblauch, Ingwer, Chili, Paprika, Curry, Säure, Süße

WÜRZTECHNIKEN

Kräuter immer erst zum Schluss zufügen, da sich ihre Aromen unter dem Einfluss von starker Hitze schnell verflüchtigen können.

Gewürze entfalten ihre Aromen nur in Flüssigkeit, in heißem Fett aber werden sie bitter. Daher Fleischstücke bzw. Innereien, die ohne weitere Zutaten angebraten werden, erst nachher würzen. Innereien und Fleisch, die mit frischem Gemüse in den Topf oder die Pfanne kommen, können vorher gewürzt werden, weil das Gemüse genug Flüssigkeit für die Gewürze abgibt.

Salz ist ein Mineral, das von heißem Fett nicht verändert wird, und kann – je nach Glaubensrichtung – auch schon vor dem Garen zugefügt werden (siehe »Marinieren«, Seite 49).

BBQ-RUB

Eine besondere Form des trockenen Würzens stellt der Rub (engl. to rub = einreiben) dar. Dabei handelt es sich um Mischungen aus Gewürzen und (getrockneten) Kräutern, die in große Fleischstücke eingerieben bzw. dick auftragen werden. Während des Garens auf dem Grill oder im Ofen lassen sie eine würzige Kruste entstehen. Ein Rub besteht im Prinzip aus vier Zutaten: Dem geschmacksprägenden Hauptgewürz, z. B. Paprikapulver, dann Salz, ferner Süße (meist Zucker, gern Puderzucker) und außerdem einem besonderen Akzent, z. B. Chili oder Limettenschale. Nach dem Auftragen des Rubs das Fleisch am besten ein paar Stunden oder über Nacht, gut eingepackt oder vakuumiert, ruhen lassen. Während des Garens restlichen Rub oder abtropfenden Fond mit einem Kräuterbündel wie mit einem Pinsel immer wieder auf das Fleisch streichen.

MARINIEREN

Das nasse Würzen wird marinieren genannt. Der Wortstamm **marin** lässt vermuten, dass die Technik des Marinierens an Küsten (lat. **mare** = Meer) entstanden ist. Das französische Wort **mariner** bzw. **mariné** bedeutet übersetzt »eingelegt« bzw. »in Salzwasser eingelegt«. Früher diente die Prozedur der Konservierung von Fleisch, Fisch und anderen Lebensmitteln, heutzutage jedoch vor allem der geschmacklichen Aufwertung. Dabei wird zwischen drei Typen unterschieden: Die leichte Marinade veredelt und unterstreicht den Eigengeschmack des Fleisches. Die aufwertende Marinade verändert bzw. verbessert ihn, während die dominierende Marinade selbst Teil des Geschmackserlebnisses ist.

Das Prinzip besteht darin, eine Flüssigkeit oder eine fast flüssige Mischung aus Säure (Wein, Essig, Zitrussäfte oder Senf), Öl und Gewürzen sowie Kräutern nach Geschmack herzustellen und das Fleisch darin einzulegen. Dabei nimmt das eingelegte Gut den Geschmack der Marinade an. Das Fleisch wird damit gut bedeckt und muss anschließend ebenfalls mehrere Stunden ruhen. Eine Trockenmarinade besteht manchmal nur aus einer Gewürzmischung oder aber auch Gemüse. Geflügelstücke beispielsweise kann man über Nacht in ein Bett aus Paprikaschoten, Tomaten, Knoblauch, Petersilie, Basilikum, Olivenöl und gestoßenem Pfeffer legen.

Die Frage, ob eine Marinade Salz enthalten darf bzw. sogar soll oder ob das Fleisch erst nach dem Einlegen gesalzen wird, kann auch an dieser Stelle nicht abschließend beantwortet werden. Die Befürworter einer leicht gesalzenen Einlegeflüssigkeit argumentieren, das Salz wirke erst dann auf das Fleisch ein, wenn während der Zubereitung das Öl unter Hitzeeinwirkung dünnflüssig wird – die Salzkristalle werden vorher von dem Öl umschlossen. Außerdem sei Salz der Hauptbestandteil der Urmarinade gewesen. Die Gegner einer gesalzenen Marinade behaupten, das Salz entziehe den eingelegten Stücken viel Flüssigkeit und mache sie trocken. Die Wahrheit liegt in der Mitte: Wenn die Marinade nur so viel Salz enthält wie das Fleisch von Natur aus, steht sich beides neutral gegenüber und das Fleisch laugt weder aus, noch wird es übersalzen.

Auch zur Marinierdauer gibt es unterschiedliche Auffassungen: Die einen schwören auf mindestens 12–24 Stunden, den anderen reicht schon weniger als ein halber Tag. Man kann aber davon ausgehen, dass die Aromen der Marinade umso tiefer in das Fleisch eindringen, je länger die Ruhezeit ist. Kurze Marinierzeiten sind jedoch für Geflügelteile sinnvoll, die einen zarten Eigengeschmack haben, der sich gegen eine Langzeitmarinade nicht durchsetzen würde.

Werden mehrere Steaks mariniert, dann keine flache Schüssel verwenden, sondern eine hohe Form, in der das Fleisch geschichtet werden kann. Auf die Weise baut sich Druck auf, der dazu führt, dass die Aromen noch besser in das Fleisch dringen. Dabei können auch ganze oder nur grob zerkleinerte Gewürze verwendet werden. Zuerst etwas Öl auf den Boden der Form geben, dann abwechselnd Fleisch und Marinade hineinlöffeln. Die oberste Fleischschicht soll aber mit Öl und Gewürzen abgedeckt sein.

Vor dem Braten oder Grillen muss die Marinade abtropfen, weil ihre abfließenden Bestandteile in Verbindung mit großer Hitze verbrennen und ungesunden Rauch erzeugen. Beim indirekten Grillen darf die Marinade haften bleiben, weil sie nicht mit der Glut in Berührung kommen kann.

BIER:
HERSTELLUNG

von Professor Vladimir Ilberg

Seit Hunderten von Jahren verwenden Brauer bei der Herstellung von Bier die gleichen Rohstoffe, die das deutsche Reinheitsgebot für das Bierbrauen vorschreibt. Im Wesentlichen ist immer noch das Bayerische Reinheitsgebot aus dem Jahre 1516 gültig. Danach dürfen nur vier Zutaten ins Bier: Wasser, Malz, Hopfen und Hefe. Doch wie entsteht nun ein Bier nach dem Reinheitsgebot, also ein Getränk, das alkoholisch vergoren ist? Es geht darum, die Inhaltsstoffe der Zutaten in einen gelösten Zustand zu bringen, insbesondere den Zucker, der von der Hefe später zu Alkohol vergoren wird. Als Ausgangsstoff dient die Stärke, die im sogenannten Mehlkörper des Malzes enthalten ist.

WAS IST MALZ?

Vereinfacht gesagt ist Malz ein in Wasser eingeweichtes und zum Keimen gebrachtes Getreide, das anschließend wieder getrocknet (gedarrt) wird. Durch das Keimen reichert sich das Getreide (überwiegend Gerste oder Weizen) mit Enzymen an. Hierbei ist viel Wissen und Erfahrung des Mälzers erforderlich, um die verschiedenen Malzsorten, wie helles Malz, dunkles Malz oder auch Rauchmalz, für die verschiedensten Biersorten herzustellen. Schon beim Mälzen entscheidet sich, welcher Biertyp entstehen wird.

Bei hellen Biersorten wie Pilsener ist wenig Farbe beim Malz erwünscht. Für dunkle Biere hingegen braucht man die ganze Kraft der Farbe und Aromen, die später dem Bier seinen typischen Charakter verleihen. Der Mälzer sorgt dafür, dass die Stärke und das Eiweiß, das im Korn zum Entstehen einer neuen Pflanze als Speicherstoff enthalten ist, in ihre kleinsten Bausteine abgebaut werden. So wie sich ein Haus aus lauter Ziegelsteinen zusammensetzt, besteht Eiweiß aus 20 Aminosäuren und Stärke aus Traubenzuckern. Bei höheren Temperaturen können Aminosäuren und Zucker miteinander reagieren – das fängt langsam bei ca. 90 °C an und verläuft erheblich schneller ab etwa 140 °C. Dabei werden Farbe und Aromen gebildet. Vergleichen lässt sich dieser Vorgang mit dem Backen eines Kuchens oder dem Grillen von Fleisch. Das Fleisch wird schön braun und riecht aromatisch, der Kuchen ebenso.

WAS MACHT DER BRAUER MIT DEM MALZ?

Das Malz wird zerkleinert (geschrotet) und mit Wasser einer bestimmten Temperatur vermischt. Es entsteht eine breiähnliche Masse (Maische), die anschließend für festgelegte Zeiten bei bestimmten Temperaturen gerührt wird. Dabei werden die beim Mälzungsprozess noch nicht abgebauten (zerkleinerten) Korninhaltsstoffe in ihre Einzelteile zerlegt. Am wichtigsten ist hier die Umwandlung der Stärke in kleine Zuckereinheiten, vorwiegend Maltose (zwei miteinander verbundene Traubenzucker), sie können von der Hefe vergärt werden. Dies geschieht bei Temperaturen von etwa 62 °C und anschließend bei 72 °C. Die Umwandlung erfolgt durch Enzyme, die der Mälzer im Korn angereichert hat. Enzyme kommen in der Nahrung, aber auch in unserem Körper vor. Kaut man sehr lange auf einem Stück Brot, wird es mit der Zeit süßlich, da die Enzyme in unserem Speichel die Stärke aus dem Brot zu Zucker umbauen.

Im nächsten Schritt muss der Flüssiganteil mit den gelösten Inhaltsstoffen von den unlöslichen Stoffen (das sind die Feststoffe der Maische) im Läuterbottich (das große, unübersehbare Gefäß in allen Sudhäusern) getrennt werden. Das Läutern ist also eine Art Filtern.

Die dabei entstandene Mischung nennt man Würze, die anschließend in die „Würzepfanne" gepumpt und zum Kochen gebracht wird. An dieser Stelle findet sich der Begriff „brauen" wieder, der auf den germanischen Ausdruck „breww-a-" bzw. auf den indogermanischen Ausdruck „bhru-" zurückgeht und „wallen, sieden, aufkochen" bedeutet. Dieser Kochvorgang ist von essenzieller Bedeutung bei der Bierbereitung, da hier der Hopfen zugegeben wird – auch als „Seele" des Biers bezeichnet. Dabei wird ein wichtiger Inhaltsstoff des Hopfens, der vorwiegend für das typische und erwünschte Bittere des Biers verantwortlich ist, die Alpha-Säure (α-Säure), mithilfe der Kochtemperatur in seine lösliche Form (Iso-α-Säure) umgewandelt. Diesen Vorgang bezeichnet man als Isomerisierungs-Prozess, der einige Zeit in Anspruch nimmt. Leider gehen dabei die angenehmen und durchaus erwünschten Aromastoffe des Hopfens durch Ausdampfen verloren, da diese leicht flüchtig sind. Dieser entstehende Geruch beim Würzekochen ist typisch für jede Brauerei. Um so viel gutes Hopfenaroma wie möglich ins Bier zu bekommen, gibt der Brauer den Hopfen zeitlich versetzt in Portionen zu, einmal zu Beginn des Kochens und später noch einmal gezielt für das Hopfenaroma.

Durch die Hopfenzugaben kommen erneut unlösliche Stoffe in die Würze. Daneben trennen sich in der Hitze auch ein paar Eiweiße ab. Diese müssen nach dem Kochen wieder entfernt werden, indem die Würze in eine Art Whirlpool gepumpt wird. Dort wird sie in Rotation gebracht. Das heißt, sie dreht sich ähnlich wie Tee in einer Tasse, wenn man ihn mit dem Löffel umrührt. Was hierbei bei losen Teeblättern beobachtet werden kann, geschieht mit den Feststoffen in der Würze (Eiweiß und Bestandteile des Hopfens): Sie sammeln sich durch die Rotation kreisend in der Mitte. Nun kann man die klare Würze von den unerwünschten Feststoffen leicht trennen. Abschließend muss sie abkühlen, um die Hefe zuzugeben.

WELCHE HEFEN GIBT ES?

Hefe ist nicht gleich Hefe. Zum Verständnis dieser Aussage ein weiterer Exkurs in die Lebensmittelchemie. So haben beispielsweise Bäcker, Winzer oder auch Brauer jeweils ihre eigenen Hefen. Jede hat ihre besonderen Eigenschaften, die sich maßgeblich auf das herzustellende Produkt auswirken. Bei den nahezu unendlich vielen Hefestämmen, aus denen der Brauer wählen kann, werden generell zwei Arten unterschieden: obergärige und untergärige Hefe. Allgemein vermehren sich die Hefen durch die sogenannte Sprossung. Dabei wird von der Mutterzelle eine Art Ausstülpung gebildet, die immer größer wird und aus der am Ende durch Teilung eine Tochterzelle entsteht. Bei untergärigen Hefen erfolgt eine vollständige Teilung, und Mutter und Tochter gehen »getrennte Wege«. Bei den obergärigen Hefen haften nach der Sprossung Mutter und Tochterzelle zusammen und bilden einen Sprossverband. Neben dieser Eigenart haben ober- und untergärige Hefen verschiedene Eigenschaften und beeinflussen maßgeblich den Geschmack des Biers. Obergärige Hefen lieben etwas höhere Temperaturen und produzieren mehr Gärungsnebenprodukte. Die Biere sind fruchtiger als untergärige Biere. So kann man bei einem Weißbier sogar Banane riechen. Solche Fruchtaromen sind bei einem Pils aber nicht erwünscht, und deshalb werden hier untergärige Hefen verwendet. Der überwiegende Anteil der weltweit produzierten Biere ist untergärig.

DIE BEIDEN HEFEARTEN

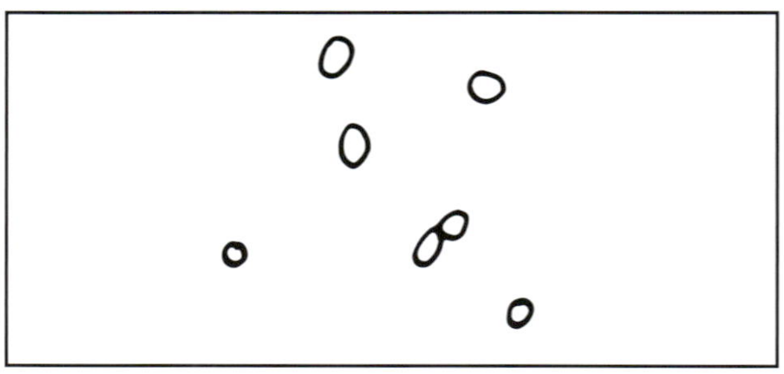

» untergärig
» keine Sprossverbände
» setzt sich bei Gärung ab
» niedrige Temperaturen

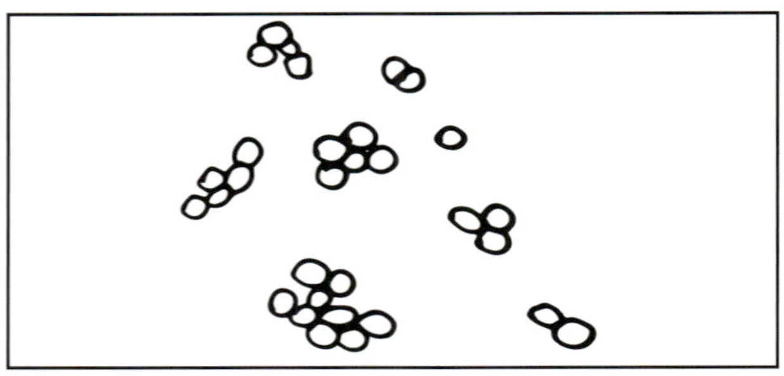

» obergärig
» Sprossverbände
» steigt bei Gärung auf
» höhere Temperaturen

WAS GESCHIEHT BEI DER GÄRUNG GENAU?

Die Hefe nimmt die vergärbaren Zucker der Würze auf und vergärt diese zu Alkohol und Kohlenstoffdioxid (CO_2), was durch aufsteigende Gasbläschen beobachtet werden kann. Bei obergäriger Hefe sammeln sich diese Gasbläschen unter den Sprossverbänden, und die Hefe steigt während der Gärung nach oben – deshalb obergärig genannt. Die untergärige Hefe (keine Sprossverbände) setzt sich hingegen langsam nach unten ab. Diese Hauptgärung dauert etwa eine Woche. Anschließend wird das Bier (je nach Brauerei und Biertyp) noch über einige Wochen oder sogar Monate durch Lagerung gereift. Dabei bildet sich noch der für den Geschmack wichtige höhere Alkoholanteil.

WAS BEDEUTET „KALT GEHOPFT" ODER „HOPFENSTOPFEN"?

Da beim Kochen der Würze sehr viel Hopfenaroma verlorengeht, geben einige Brauer Hopfen zusätzlich auch später während der Lagerung hinzu. Dabei lösen sich auch bei der Kälte – die Lagertemperatur liegt teilweise leicht unter 0 °C – noch einige Aromastoffe des Hopfens. Da sie nicht mehr entweichen können, bleiben sie weitgehend im Bier. So entstehen auch die insbesondere bei Craft Beer sehr ausgeprägten Hopfennoten.

Am Ende der Lagerung kann das Bier noch stabilisiert und filtriert werden. Dabei werden Trübstoffe und Hefe abgetrennt. Das Bier ist danach klar. Es kann aber auch unfiltriert, also mit Hefe, in die Flasche abgefüllt werden. Unfiltrierte Biere sind meist nicht so lange haltbar wie filtrierte Biere.

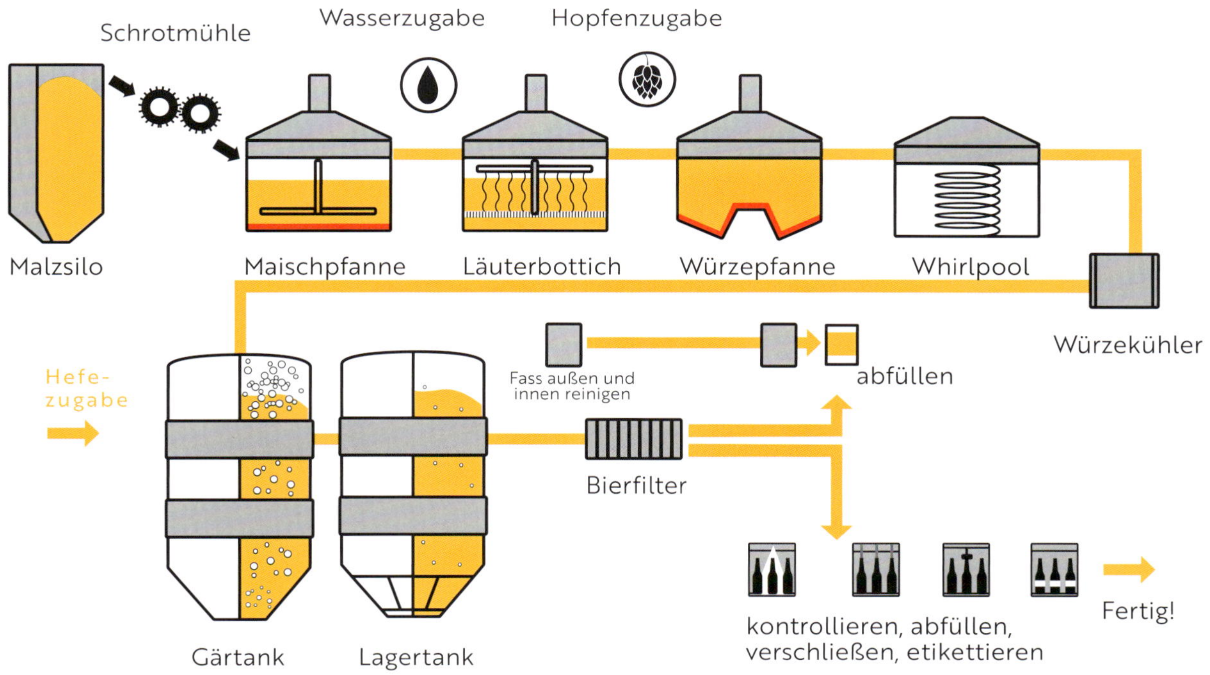

URSPRUNG & ENTWICKLUNG DES CRAFT BEERS

von Professor Jean Titze

Die Brauindustrie blickt auf eine bewegte Geschichte zurück. Nach dem Zweiten Weltkrieg war der Markt zunächst von Mangelwirtschaft geprägt. Diese ermöglichte für viele traditionelle Brauereien eine Expansionsphase, die aber Mitte der 60er-Jahre in eine Reifephase mündete. Zwischen 1977 und 1985 stellte sich schließlich eine Stagnation ein, gefolgt von einer Phase des Rückganges und der Konsolidierung des Biermarktes. Diesen Wandel vom Verkäufer- zum Käufermarkt verkannten viele bis dahin groß gewordene Brauereien. Heute sind sie vom Markt verschwunden oder mittlerweile bedeutungslos geworden. Andere, damals noch kleine Betriebe erkannten die Veränderungen und gehören jetzt zu den großen der deutschen Brauindustrie. Neben dem Marktwandel sind aber auch noch weitere Gründe für den Rückgang von Brauereien zu benennen. Allem voran ist ein verändertes Verbraucherverhalten für den aktuell stetig sinkenden Pro-Kopf-Verbrauch an Bier verantwortlich.

Die wichtigsten Erfolgsfaktoren einer Brauerei sind, einerseits qualitativ hochwertiges Bier zu brauen und andererseits dieses Produkt erfolgreich zur verkaufen.

Es gilt also, Alleinstellungsmerkmale für die jeweilige Marke deutlicher herauszuarbeiten, um Einzigartigkeit zu schaffen. Eine Marke ist aber natürlich nicht nur Kommunikation, sondern das Ergebnis vieler Leistungsfaktoren, wie z. B. Produktqualität, Konditionen, Service, Preis und Verkaufspolitik.

Dabei darf nie vergessen werden, dass die objektive Produktqualität die unabdingbare Voraussetzung für einen erfolgreichen Markenauftritt darstellt. Denn die Produktstabilität ist die zentrale Voraussetzung für Qualität. Ihre Gewährleistung ist allerdings schwierig, da Bier ganz oder teilweise aus Naturprodukten bzw. natürlichen Rohstoffen besteht, die ernte-, klima- und witterungsbedingten Einflüssen unterliegen. Des Weiteren ist Bier keine Konserve, und das Produkt unterliegt wie viele Lebensmittel natürlichen Alterungsprozessen. Die Garantie der chemisch-physikalischen und mikrobiologischen Stabilität sowie der sensorischen Stabilität bildet hierzu die Qualitätsgrundlage. Besonders der Alterungsaspekt des Biers gewinnt in der heutigen Zeit angesichts zunehmender Standzeiten in Handel und Getränkeabholmärkten an Bedeutung.

EINHEITSBIER FÜR JEDERMANN

Stand unmittelbar nach dem Zweiten Weltkrieg die Versorgung der Bevölkerung mit Nahrung im Vordergrund, gewannen mit Beginn der Wirtschaftswunderjahre Biergeschmack und -marke zunehmend an Bedeutung. Während noch vor 20 Jahren allein die Bierqualität einen Wettbewerbsvorteil darstellte, ist sie heute lediglich die unabdingbare Voraussetzung für ein Bestehen am Markt. Ziel vieler Großbrauereien war es daher, mit ihrem Biergeschmack möglichst viele potenzielle Kunden zu erreichen. Man versuchte, den Geschmäckern von Nord- bis Süddeutschland mit einem einzigen Biertyp gerecht zu werden. Diese Entwicklung führte zwangsläufig zur Vereinheitlichung und Austauschbarkeit von Bierprodukten.

KREATIVBRAUER IN DEN USA

In den Jahren nach der Prohibition (landesweites Verbot der Herstellung und des Verkaufs von Alkohol 1920–1933) führte diese Tendenz auch in den Vereinigten Staaten dazu, dass sich ein Einheitsbier auf dem Markt etablierte. Zeitgleich schrumpfte Ende der 70er-Jahre die Zahl der Brauereien in Amerika auf weit unter hundert. Nur eine Handvoll große Brauunternehmen beherrschten den gesamten amerikanischen Markt. Doch mit der Zeit hatten die Amerikaner den Einheitsgeschmack satt, und die allgemeine Verbrauchererwartung an ein gutes Bier stieg. Dadurch konnte sich vor etwa 30 Jahren die Bewegung der Kreativbrauer – in den USA als Craft Brewer bezeichnet – formieren und den Marktführern rasch Anteile streitig machen. Mittlerweile ist schon etwas mehr als jedes zehnte in den Vereinigten Staaten gezapfte Bier ein Craft Beer.

Vieles, was in Amerika erfolgreich wurde, entstammt – wie auch die Geschichte dieser Bewegung – einer Garage. Die Kreativbrauer, oft Hobbybrauer, distanzierten sich bewusst geschmacklich von dem klassischen American Lager. Solche Heimbrauer animierten immer mehr Menschen, eigene, kleine Brauereien zu gründen. Gewaltige Hopfenmengen, die oft während der kalten Lagerung gegeben werden, prägen heute in den USA eine Vielfalt an aromaintensiven Bieren und besonderen, aber auch ausgefallenen Bierspezialitäten.

CRAFT BEER IN DEUTSCHLAND

Zunächst lässt sich zwischen der amerikanischen Trendbezeichnung des Craft Beers und der deutschen Brautradition kein direkter Zusammenhang erkennen. Das Wort »Craft« steht für Handwerk. Gemäß dieser Übersetzung existiert »handwerkliches Bier« in Deutschland bereits seit mehr als 1000 Jahren. 6000 unterschiedliche Biermarken, gebraut in über 1400 deutschen Brauereien, stehen anders als in den Staaten seit jeher für eine enorme Biervielfalt. Bei der ganzen Aufregung um die neuen Bierkompositionen, basierend auf meist klassischen Bierstilen der amerikanischen Craftbrauer, bleibt außen vor, dass Brauer in Deutschland sich seit jeher der Braukunst verschrieben und ihr Handwerk von der Pike auf gelernt haben. Für amerikanische Bierfreunde, die sich vom US-Einheitsbier abgewandt hatten, gilt die deutsche Braukunst seit Langem als Vorbild. Deutsches Bier ist der Inbegriff für Genuss und Qualität und wurde schon damals in den USA als Spezialität gehandelt.

CRAFT BEER VERSUS FERNSEHBIER

Bier, das die strengen Haltbarkeitskriterien des Handels sowie des Exportgeschäfts erfüllt, kann geschmacklich nicht mit aromaintensivem, frisch gebrautem und wenig bis gar nicht filtriertem oder stabilisiertem Craft Beer mithalten. Im Umkehrschluss sind die meisten Craft-Beer-Sorten spätestens nach einem halben Jahr aufgrund der entstandenen Alterungskomponenten bereits ungenießbar.

Beide Arten von Bier erfüllen daher unterschiedliche produktspezifische Anforderungen, was intensiven Geschmack und Haltbarkeit anbelangt. Sicherlich liegt die Wahrheit in der Mitte. Trinkfertiges Bier sollte grundsätzlich als frisches Produkt konsumiert werden und taugt im Gegensatz zum Wein nicht dazu, im Keller oder anderswo lange gelagert zu werden.

Möchte der Kunde mehr Auswahl an geschmacklich spannenden Bieren im Supermarkt, muss er zum einem wieder bereit sein, sowohl kürzere Haltbarkeiten in Kauf zu nehmen als auch höhere Preise zu akzeptieren. Es sei aber erwähnt, dass es immer noch zahlreiche kleine mittelständische Brauereien in Deutschland gibt, die geschmacklich herausragende Biere mit moderaten Haltbarkeiten herstellen und diese auch erfolgreich am Markt vertreiben.

ENTSPRICHT CRAFT BEER DEM REINHEITSGEBOT?

Im April 1516 wurde unter Vorsitz von Herzog Wilhelm IV. in Ingolstadt das Reinheitsgebot für ganz Bayern erlassen, welches zur Herstellung des Biers nur Gerste, Hopfen und Wasser erlaubt. Mehr oder weniger kontinuierlich wurde versucht, diesen Grundgedanken in nachfolgenden Gesetzen fortzuschreiben, deren Wirkungsbreite sich immer weiter ausdehnte. Auch heute noch muss deutsches Bier in der Bundesrepublik Deutschland laut Gesetz ausschließlich aus Malz, Hopfen, Hefe und Wasser hergestellt werden.

Im Zuge der Craft-Beer-Bewegung experimentieren immer mehr Brauer außerhalb des deutschen Reinheitsgebots auch hierzulande mit Gewürzen und Früchten. Aber eigentlich gibt es das irreführend mit dem ursprünglichen „Reinheitsgebot" gleichgesetzte Biersteuergesetz gar nicht mehr. 1987 wurde seine Anwendung auf ausländische Biere für unvereinbar mit dem EU-Recht erklärt, wobei sich die deutschen Brauer dennoch verpflichten, weiterhin danach zu brauen. Ebenfalls entschied das Bundesverwaltungsgericht, dass die Beschränkung deutscher Brauer auf das Reinheitsgebot als Inländerdiskriminierung deren Berufsfreiheit unzulässig einschränke, sodass für „besondere Biere" mit weiteren aromatisierenden Zutaten, solange diese keine Malzersatzstoffe sind, eine Ausnahmegenehmigung zu erteilen sei. Wenn es sich also um besondere Biere nach traditioneller Herstellungsart handelt, können diese nach erteilter Genehmigung auch in Deutschland hergestellt und sogar bei bestimmten Spezialbieren mit Zusatzstoffen bereitet werden. Durch diese Regelungen entsteht mittlerweile auch in Deutschland eine Vielfalt neuer Biersorten.

Doch selbst Bier, das nach Reinheitsgebot gebraut wird kann unterschiedliche Geschmacksrichtungen aufweisen. Mit unterschiedlichen Sorten an Malz, Hopfen und Hefe können auch so bemerkenswerte Unterschiede im Geschmack erreicht werden.

BIER-STILE

Bier und Grillen – zwei Dinge, die mittlerweile untrennbar verbunden sind

Hier ein kleiner Überblick über 15 verschiedene Biersorten und ihre Eigenschaften, die nach ihrer Verfügbarkeit im deutschsprachigen Raum und ihrer Beliebtheit ausgewählt wurden. Zu ausgewählten Rezepten in diesem Grillbuch gibt es eine Bierempfehlung, die hier genauer nachgelesen werden kann. Generell gilt: Leichtes helles Bier geht mit leichteren Gerichten, dunkles Bier mit schwereren Gerichten, ähnlich wie bei Weiß- und Rotwein.

1

ALT

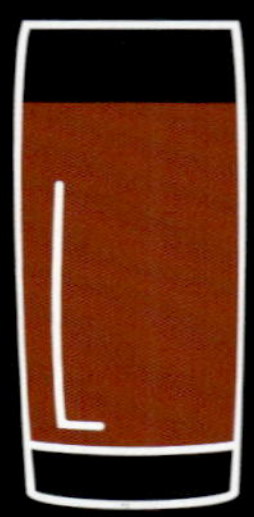

FARBE
- dunkel bernsteinfarbig
- klar

CHARAKTER
- angenehm bitter
- herzhaft
- auch rustikal

GÄRUNG
- obergärig

ALKOHOLGEHALT
- 4,8–5,0 Vol.-%

SPEISEN
- Ente
- Lamm
- Rind
- Leber
- Schwein
- schwerer Nachtisch

2

BERLINER WEISSE

FARBE
- strohig-hell bis goldgelb
- naturtrüb

CHARAKTER
- blumig
- angenehm säuerlich
- fruchtaromatisch

GÄRUNG
- obergärig

ALKOHOLGEHALT
- 2–3 (2,7–2,8) Vol.-%

SPEISEN
- Salat
- Fisch
- Geflügel
- Süßspeisen

3

BOCK, DUNKEL

FARBE
- dunkle Kupferfarbe
- blank

CHARAKTER
- vollmundig
- malzbetont
- feine Hopfennote

GÄRUNG
- untergärig

ALKOHOLGEHALT
- 6,0–8,0 Vol.-%

SPEISEN
- Schweinebraten
- Lamm
- Rind
- kräftig gewürzte Speisen
- Nachspeisen mit Schokolade

4 EISBOCK

FARBE
- rötlich, bräunlich
- naturtrüb

CHARAKTER
- malzige Süße

GÄRUNG
- untergärig

ALKOHOLGEHALT
- 8,6–14,3 Vol.-%

SPEISEN
- Lamm
- Süßspeisen
- Nachtisch

5 IPA

FARBE
- kupferfarben
- filtriert/naturtrüb

CHARAKTER
- starke Hopfennote
- fruchtige Aromen, wie Maracuja und Papaya

GÄRUNG
- obergärig

ALKOHOLGEHALT
- 6–10 Vol.-%

SPEISEN
- kräftiger
- intensiver Käse
- Ente
- Lamm
- scharfe Speisen

6 KÖLSCH

FARBE
- goldgelb
- blank

CHARAKTER
- teilweise angenehm blumig oder fruchtig
- angenehm herb

GÄRUNG
- obergärig

ALKOHOLGEHALT
- 4,6–5,1 Vol.-%

SPEISEN
- Salat
- Gemüse
- Fisch
- Geflügel

7 KRISTALLWEIZEN

FARBE
- kräftiges Gelb
- kristallklar

CHARAKTER
- weizenaromatisch
- teilweise angenehm blumig oder fruchtig

GÄRUNG
- obergärig

ALKOHOLGEHALT
- 4,5–5,5 Vol.-%

SPEISEN
- Salat
- Gemüse
- Fisch
- Geflügel
- Sushi
- Obst
- Nachtisch

8 LEICHTES WEISSBIER/WEIZENSCHANKBIER

FARBE
- mittleres Gelb
- naturtrüb

CHARAKTER
- spritzig
- hefearomatisch

GÄRUNG
- obergärig

ALKOHOLGEHALT
- 2,5–3,5 Vol.-%

SPEISEN
- Salat
- Fisch
- Geflügel
- leichte Pasta
- Sushi, Gemüse
- Obst

9 PILS

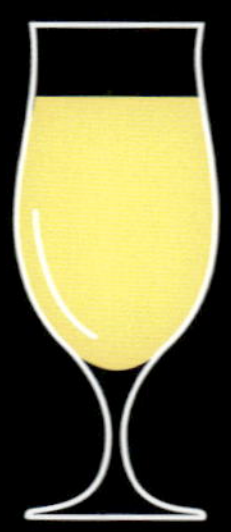

FARBE
- sehr helles Gelb
- glanzfein

CHARAKTER
- ausgeprägte, feinherbe Hopfenbittere
- schlank

GÄRUNG
- untergärig

ALKOHOLGEHALT
- 4,0–5,5 Vol.-%

SPEISEN
- Bratwurst
- Burger
- Apfelstrudel
- Nachtisch
- Eiscreme

10 HELL/LAGER

FARBE
- helles Gelb
- blank

CHARAKTER
- feinwürzig
- leicht
- vollmundig, mild

GÄRUNG
- untergärig

ALKOHOLGEHALT
- 4,5–5,5 Vol.-%

SPEISEN
- Schweinebraten
- Kalbfleisch
- Wurst
- Pute

11 RAUCHBIER

FARBE
- goldgelb bis helles Braun
- filtriert/naturtrüb

CHARAKTER
- vollmundig und rauchig

GÄRUNG
- untergärig

ALKOHOLGEHALT
- 5,0–6,0 Vol.-%

SPEISEN
- Lamm
- Rind
- kräftig gewürzte Speisen
- Schwein
- stark gegrilltes Fleisch

SCHWARZBIER

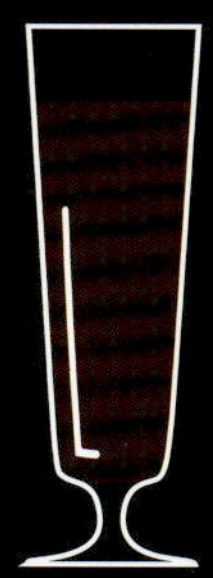

FARBE
- kräftiges Braun bis Schwarz
- blank

CHARAKTER
- röstaromatisch
- leicht malzaromatisch
- hopfenbitter
- süffig

GÄRUNG
- untergärig

ALKOHOLGEHALT
- 5,0–5,5 Vol.-%

SPEISEN
- Rind
- Lamm
- Schwein
- Steak
- stark gewürzte Speisen

STOUT

FARBE
- tiefes Schwarz
- klar

CHARAKTER
- röstaromatisch
- strenge Bittere

GÄRUNG
- obergärig

ALKOHOLGEHALT
- 4,0–5,0 Vol.-%

SPEISEN
- Lamm
- Rind
- stark gegrilltes Fleisch
- kräftig gewürzte Speisen

WEISSBIER + CASCADE

FARBE
- trüb mit Hefebodensatz
- naturtrüb

CHARAKTER
- weizenaromatisch
- fruchtig, hopfenaromatisch
- frische Hefenote, Citrusaroma
- leicht malzaromatisch

GÄRUNG
- obergärig

ALKOHOLGEHALT
- 4,0–5,5 Vol.-%

SPEISEN
- Ente
- kräftiger Käse
- Fisch
- Leber
- Geflügel
- Obst

WEIZENBOCK

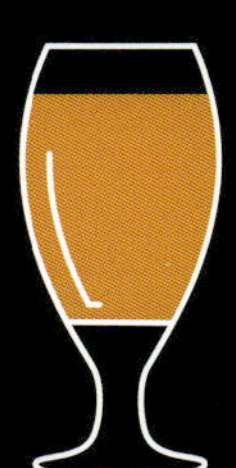

FARBE
- goldgelb bis gelborange/rotbraun
- kräftig hefetrüb

CHARAKTER
- spritzig
- vollmundig
- malzaromatisch
- Spur bananenartig

GÄRUNG
- obergärig

ALKOHOLGEHALT
- 6,0–8,0 Vol.-%

SPEISEN
- kräftiger Braten
- intensiver Käse
- Nachtisch

REZEPTE

RIND

Die unterschiedlichen Teile vom Rind benötigen alle eine besondere Behandlung auf dem Grill, bieten aber dafür ein außergewöhnliches kulinarisches Erlebnis

US SHORT RIBS

mit CHILI *und* INGWER

Für die Marinade: 2 walnussgroße Stücke Ingwer 2 Chilischoten 1 EL Koriandersamen 4 Knoblauchzehen 200 ml Sojasauce 200 ml Rinderfond 200 ml Bourbon Whiskey	200 g brauner Zucker 1 Bund frisches Koriandergrün **Für die Rippen:** 1,5 kg Short Ribs (dicke Rippe), ca. 8 cm dick Zucker Salz	**Außerdem:** 3 Handvoll in Wasser eingeweichte Räucherspäne Barbecuesauce 4 Zweige Rosmarin

Für die Marinade den Ingwer schälen und fein würfeln. Die Chilischoten längs halbieren. Die Koriandersamen in einer Pfanne ohne Öl kurz anrösten und die Knoblauchzehen schälen und andrücken. Alle Zutaten für die Marinade in einen Topf geben und bei schwacher Hitze 20 Minuten köcheln lassen. Anschließend durch ein Sieb drücken.

Für die Rippen die Short Ribs mit Zucker und Salz würzen, auf den Grillrost legen und bei 200 °C direkt grillen, bis sie eine gute Farbe bekommen. Nun wird bei 100–110 °C indirekt weiter gegrillt. Dafür den Deckel auflegen. Ab jetzt stündlich (insgesamt achtmal) das Fleisch mit der eingekochten Marinade rundum einpinseln und immer wieder ein paar Räucherspäne in die Glut geben.

Nach ca. 8 Stunden sollten die Short Ribs sensationell aussehen und butterweich sein. Diese auf ein Brett legen, aufschneiden und mit Barbecuesauce und frischem Rosmarin servieren.

Tipp
Sollte am Ende noch Marinade übrig sein, noch einmal aufkochen, mit etwas Speisestärke andicken und als Sauce zum Fleisch reichen.

4 Personen | Temperatur: 200 °C/100–110 °C | direkt und indirekt/Smoken bei geschlossenem Deckel

CEVAPCICI

mit AJVAR

2 Knoblauchzehen	5 EL Pflanzenöl	**Außerdem:**
1 rote Zwiebel	500 g Rinderhackfleisch (oder halb und halb mit Lamm oder Schwein)	16 Holz- oder Metallspieße
3 EL Ajvar	2 TL Salz	
1 TL Piment d'Espelette oder eine andere milde Chilisorte	1 TL frisch gemahlener Pfeffer	
1 TL edelsüßes Paprikapulver		

Wenn Holzspieße verwendet werden, diese vor der Verwendung einige Stunden wässern.

Knoblauch und Zwiebel schälen und fein hacken. Mit Ajvar sowie Piment und Paprikagewürz im Pflanzenöl anschwitzen und abkühlen lassen. Hackfleisch sowie Salz und Pfeffer hinzufügen, alles gut miteinander vermengen und mit leicht angefeuchteten Händen ca. 8 cm lange Röllchen aus der Masse formen. 30 Minuten ruhen lassen.

Den Grill sowohl auf 200 °C direkte als auch indirekte Hitze vorbereiten.

Die Fleischröllchen auf die Spieße stecken, bei direkter Hitze rundherum ca. 4 Minuten grillen, anschließend bei indirekter Hitze nochmals 4 Minuten gar ziehen lassen.

4 Personen | Temperatur: ca. 200 °C | direkt und indirekt bei offenem Deckel

Das passt dazu
IPA
CRAFT BEER
CHARAKTER
starke Hopfennote, fruchtige Aromen wie Maracuja und Papaya
6–10 Vol.-%

BEEFSTEAK-BURGER

mit BBQ-MAYONNAISE

Für die Sauce:

1 Eigelb

1 TL Dijonsenf

1 EL dunkler Essig

1 TL Zucker

125 ml Sonnenblumenöl

1 Schalotte

2 Cornichons

2 EL Barbecuesauce

2 Msp. geräuchertes Paprikapulver

1 EL Zitronensaft

Salz

frisch gemahlener Pfeffer

Für die Garnitur:

2 Ochsenherztomaten

1 Handvoll Babyspinat

2 Zwiebeln

Sonnenblumenöl

Für die Burger:

4 Roastbeefsteaks (je 150 g)

2 EL Pflanzenöl

4 Buns (Burger-Brötchen, siehe Seite 275)

Salz

frisch gemahlener Pfeffer

Außerdem:

1 Grillschale

Für die Sauce Eigelb, Senf, Essig und Zucker verrühren, dabei in einem dünnen Strahl das Öl zufügen und unterschlagen, bis eine Mayonnaise entsteht. Schalotte abziehen. Schalotte und Cornichons sehr fein würfeln und mit den restlichen Zutaten unter die Mayonnaise rühren.

Für die Garnitur die Tomaten waschen, gegebenenfalls Stielansätze herausschneiden. Die Tomaten in Scheiben schneiden, die Spinatblätter waschen und verlesen. Die Zwiebeln schälen und in Ringe schneiden. Spinat und Zwiebeln beiseitestellen.

Für die Burger den Grill auf 260 °C direkte und indirekte Hitze vorbereiten.

Steaks leicht mit dem Pflanzenöl einstreichen, auf den Rost legen und von beiden Seiten 3 Minuten grillen. Anschließend 5 Minuten in die indirekte Zone legen und die Hitze etwas reduzieren.

Inzwischen Burger-Brötchen aufschneiden und auf dem noch heißen Rost anrösten.

Die Zwiebelringe mit etwas Öl, Salz und Pfeffer mischen und in einer Grillschale mitgrillen, bis sie bräunen. Das Roastbeef in dünne Tranchen schneiden, diese mit den gegrillten Zwiebelringen in einer Schüssel vermischen, mit Salz und Pfeffer würzen.

Die Sauce auf die Brötchenhälften geben und verteilen, mit Babyspinat, Tomatenscheiben und den Fleischtranchen aufschichten.

4 Personen | Temperatur: 260 °C | direkt und indirekt bei geschlossenem und offenem Deckel

Das passt dazu
WEISSBIER + CASCADE
CRAFT BEER
CHARAKTER
weizen- und hopfen-aromatisch, fruchtig, frische Hefenote, Citrusaroma
4,0–5,5 Vol.-%

BEEF-SUSHI

mit TERIYAKI-SAUCE *und* SCHWARZEM SESAM

300 g Rinderfilet	2 EL Teriyaki-Sauce	**Außerdem:**
1 TL Sesamöl	1 EL schwarzer Sesam	Grillplatte
2 Tassen Sushireis	1 Bund frisches Koriandergrün	
1 TL Zucker	helle Sojasauce	
½ TL Salz	50 g eingelegter rosa Ingwer	
2 EL Reisessig		

Den Grill mit Grillplatte auf 200 °C direkte Hitze vorbereiten.

Rinderfilet dünn mit Sesamöl einstreichen und auf jeder Seite nur 1 Minute angrillen. Das Fleisch in Frischhaltefolie wickeln und für 1 Stunde ins Gefrierfach legen.

Inzwischen den Sushireis nach Packungsangabe zubereiten und auskühlen lassen; dazu etwas ausbreiten. Zucker und Salz im Reisessig auflösen und den Reis löffelweise nach Geschmack mit der Mischung würzen. Mit leicht feuchten Händen den Reis für Nigiri-Sushi zu länglichen Formen rollen und beiseitelegen.

Das angefrorene Rinderfilet in sehr dünne Scheiben schneiden, auf der Unterseite dünn mit Teriyaki-Sauce bestreichen und leicht quer auf den geformten Sushireis legen. Mit schwarzem Sesam bestreuen.

Das Koriandergrün waschen. trocken tupfen und ein paar Blätter abzupfen. Das Sushi mit dem Koriander, heller Sojasauce und eingelegtem Ingwer servieren.

Tipp
Die dünnen Rinderfiletstreifen schmecken auch als »Sashimi«, also ganz ohne Reis und mit etwas Ingwer sowie Sojasauce verfeinert.

4 Personen | Temperatur: 200 °C | direkt bei geschlossenem und offenem Deckel

Das passt dazu

WEISSBIER + CASCADE

CRAFT BEER

CHARAKTER
weizen- und hopfen-aromatisch, fruchtig, frische Hefenote, Citrusaroma

4,0–5,5 Vol.-%

DAS PERFEKTE STEAK

mit SALZFLAKES *und* FRISCHEM PFEFFER

4 Rumpsteaks à 250 g (ca. 2,5–3 cm dick)	Salzflakes	frisch gemahlener Pfeffer

Auf dem Grill: Die maximale Temperatur herstellen (mindestens 250 °C). Das Steak von jeder Seite 1 ½ Minuten auf dem Rost direkt grillen und dann 3–4 Minuten in die Ruhezone des Grills legen. Erst kurz vor dem Servieren salzen und pfeffern.

Im Beefer (optional): Die Steaks von jeder Seite etwa 1 ½ Minuten grillen. Danach 1 ½ Minuten auf dem Boden des Beefers ziehen lassen, herausnehmen, salzen und pfeffern und sofort servieren. Das Steak sollte nun perfekt medium sein.

Tipp
Der Beefer arbeitet ausschließlich mit Oberhitze und erreicht hierbei Temperaturen von ca. 800 °C. Die handelsübliche Grillgeräte schaffen solche Spitzen nicht.

4 Personen | im Beefer | auf dem Grill 250 °C direkt bei offenem Deckel

CHEESEBURGER

mit ROTKOHL *und* FEIGENSAUCE

Für die Patties:	**Für die Feigensauce:**	Salz
800 g grob gewolftes Rinderhackfleisch (20 % Fettanteil)	2 frische Feigen	frisch gemahlener Pfeffer
4 EL Pflanzenöl	2 TL flüßiger Honig	**Außerdem:**
1 TL Salz	4 EL Dijonsenf	8 Scheiben Rotschimmelkäse
1 TL frisch gemahlener schwarzer Pfeffer	**Für den Rotkohl:**	grüne Salatblätter
1 EL Dijonsenf	½ kleiner Rotkohl	Sprossen nach Belieben
	2 EL dunkler Essig	4 Buns (Burger-Brötchen, siehe Seite 275)
	2 EL Pflanzenöl	

Für die Patties die Zutaten gut miteinander vermengen, in 4 Portionen teilen und daraus Patties formen.

Für die Feigensauce die Früchte grob zerteilen, Honig und Senf zufügen und alles nicht zu fein mit dem Mixstab zu einer Sauce pürieren.

Für den Rotkohl die äußeren welken Blätter und den Strunk des Rotkohlkopfs entfernen. Rotkohl raspeln, mit kochendem Wasser übergießen und etwas ausdampfen lassen. Anschließend mit Essig, Öl, Salz und Pfeffer gut abschmecken.

Rotschimmelkäse, gewaschene Salatblätter und gewaschene und abgetropfte Sprossen bereitstellen.

Den Grill auf 180 °C direkte Hitze vorbereiten.

Burgerbrötchen aufschneiden und kurz anrösten. Beiseite legen. Patties auf den Rost legen, 4 Minuten grillen und wenden. Jetzt je 2 Scheiben Rotschimmelkäse auf die Patties legen und den Grilldeckel schließen, bis der Käse zerlaufen ist.

Die Feigensauce auf die Burgerbrötchen-Hälften streichen und die Burger mit grünem Salat, Rotkohl, Patties und Sprossen aufschichten.

Tipp
Anstelle des Rotschimmelkäses macht sich auch ein Blauschimmelkäse gut.

4 Personen | Temperatur: 180 °C | direkt bei offenem und geschlossenem Deckel

Das passt dazu

IPA

CRAFT BEER

CHARAKTER
starke Hopfennote, fruchtige Aromen wie Maracuja und Papaya

6–10 Vol.-%

FLANK STEAK

mit FLEUR DE SEL *und* ROSA PFEFFERBEEREN

1 großes Flank Steak (800–1000 g) Fleur de Sel	grob zerstoßener Pfeffer	1 TL zerbröselte rosa Pfefferbeeren

Den Grill auf 250–300 °C direkte Hitze vorbereiten.

Das Flank Steak (Zimmertemperatur) waschen, trocken tupfen und gegebenenfalls von Sehnen befreien. Anschließend von beiden Seiten je 2–3 Minuten grillen, dann noch einmal wenden und für ein schönes Cross-Branding um 45 °C versetzt jeweils 1 weitere Minute fertiggrillen.

Fleisch vom Rost nehmen und in Alufolie 5 Minuten ruhen lassen. Anschließend in Tranchen schneiden, mit Fleur de Sel, grob zerstoßenem Pfeffer und rosa Pfefferbeeren bestreuen.

Tipp
Vor dem Servieren das Steak mit zerlassener brauner Butter bestreichen.

4 Personen | Temperatur: 250–300 °C | direkt bei geschlossenem und offenem Deckel

Das passt dazu
HELL/LAGER
CRAFT BEER
CHARAKTER
feinwürzig, leicht, vollmundig, mild
4,5–5,5 Vol.-%

BEEF RIBS

mit BIER-BARBECUE-GLASUR

Für den Rub: 1 EL schwarze Pfefferkörner 1 TL Koriandersamen 1 TL Knoblauchgranulat ½ TL geräuchertes Paprikapulver	1 EL brauner Zucker 1 TL Salz 1 TL abgeriebene Schale von 1 Bio-Zitrone **Für das Fleisch:** 2 kg Short Beef Ribs (Querrippe vom Rind)	1 l dunkles Bier (nicht zu bitter) 100 ml Barbecuesauce **Außerdem:** 1 Grillschale

Für den Rub die Zutaten mörsern und bereitstellen.

Das Rippenstück vom überschüssigen Fett und von der Silberhaut befreien. Auf der Unterseite zwischen den Rippen mit dem Messer einen 1 cm tiefen Schnitt setzen. Das Fleisch mit dem Rub einreiben und etwa 4 Stunden, am besten über Nacht, kühl ruhen lassen.

Den Grill auf 150 °C indirekte Hitze vorbereiten.

Das Rippenstück in eine Edelstahl- oder Grillschale legen und das Bier angießen. Anschließend mit Alufolie dicht abdecken und 2 Stunden bei geschlossenem Grilldeckel dämpfen.

Das Fleisch aus der Schale nehmen und großzügig mit Barbecuesauce einstreichen. Auf dem Rost eine weitere Stunde bei stets geschlossenem Deckel fertiggrillen. Zwischendurch immer mal wieder nachpinseln. Wenn die Knochenenden frei liegen und sich leicht mit den Fingern lösen lassen, sind die Ribs fertig.

4 Personen | Temperatur: 150 °C | indirekt bei geschlossenem Deckel

Das passt dazu
RAUCHBIER
CRAFT BEER
CHARAKTER
vollmundig und rauchig
5,0–6,0 Vol.-%

RIBEYE STEAKS

mit BALSAMICO-ZWIEBELN

Für die Balsamico-Zwiebeln:	200 ml Aceto balsamico	**Für das Fleisch:**
300 g kleine Zwiebeln	75 ml Rotwein	1 Knoblauchzehe
20 g Butter	4 Zweige Thymian	1 Stück Butter
2 EL brauner Zucker	Salz	1 EL Pflanzenöl
2 EL flüssiger Honig	frisch gemahlener Pfeffer	4 Ribeye Steaks (je 250 g)

Zwiebeln mit Schale in einen Topf legen, mit Wasser bedecken und aufkochen. Dann den Topf vom Herd ziehen und die Zwiebeln 10 Minuten im Wasser abkühlen lassen. Anschließend Wasser abgießen und die Schale von den Zwiebeln ziehen.

Butter in einem Topf zerlassen, Zucker und Honig zugeben und warten, bis die Butter brutzelt. Dann Zwiebeln zufügen und 4 Minuten karamellisieren, mit Aceto balsamico und Rotwein ablöschen. Thymian zufügen und 10 Minuten ohne Deckel köcheln lassen. Anschließend mit Salz und Pfeffer würzen, bis zum Servieren ziehen lassen. Thymian entfernen.

Den Grill sowohl auf 200 °C direkte als auch indirekte Hitze vorbereiten.

Für die Fleischglasur Knoblauch schälen und halbieren. Die Butter mit Pflanzenöl und Knoblauch in einem Topf erhitzen, bis die Butter geschmolzen ist und 5 Minuten köcheln lassen.

Das Fleisch leicht salzen, mit der zerlassenen Butter einstreichen und 2 Minuten von beiden Seiten grillen. Dann in den indirekten Bereich legen, Hitze reduzieren und in weiteren 5 Minuten gar ziehen lassen.

Das Fleisch mit einem scharfen Messer in Tranchen schneiden und die lauwarmen Balsamico-Zwiebeln darüber verteilen.

4 Personen | Temperatur: 200 °C | direkt und indirekt bei geschlossenem und offenem Deckel

Das passt dazu
BOCK, DUNKEL
CRAFT BEER
CHARAKTER
vollmundig,
malzbetont,
feine Hopfennote
6,0–8,0 Vol.-%

DUTCH OVEN

KALBSFRIKADELLE

in KAPERNSAUCE

1 große Zwiebel	2 EL Senf	500 ml Weißwein
6 Scheiben Toastbrot	2 Eigelb	200 g Sahne
100 ml Milch	Salz	1 EL Kapern
1 Bund frische Petersilie	frisch gemahlener Pfeffer	2 Lorbeerblätter
1 kg Kalbshackfleisch	4 EL Butter	½ Zitrone

Eine Glut aus Kohlen oder Briketts vorbereiten.

Die Zwiebel schälen und in feine Würfel schneiden. Toastbrot in der Milch einweichen, Petersilie waschen, die Blätter von den Stielen zupfen und fein hacken. Das Kalbshackfleisch mit der Zwiebel, dem Senf, dem Eigelb, dem ausgedrückten Toastbrot und der Petersilie vermengen. Kräftig salzen und pfeffern. Die Hackfleischmasse in ungefähr 200 g schwere Frikadellen formen.

Den Dutch Oven in die heiße Glut stellen und die Butter darin schmelzen lassen. Die Kalbsfrikadellen in der Butter von beiden Seiten kross anbraten, anschließend mit dem Weißwein ablöschen. Den Wein kurz aufkochen lassen. Sahne, Kapern und Lorbeerblätter dazugeben.

Den Dutch Oven mit seinem Deckel verschließen. ⅓ der heißen Briketts oder Kohlen auf dem Deckel und ⅔ unter dem Dutch Oven belassen. Das Gericht ungefähr 15–20 Minuten köcheln lassen. Währenddessen die halbe Zitrone auspressen und die Sauce vor dem Servieren mit dem Saft abschmecken.

4 Personen · Dutch Oven (Fassungsvermögen ca. 3 Liter)

RINDERFILET

à la SURF AND TURF

4 rund geschnittene Rinderfilets (je 250 g) 8 Scheiben Bacon (Frühstücks-speck) etwas Pflanzenöl	8 rohe Garnelen mit Schale Knoblauchgranulat grober Pfeffer Fleur de Sel	**Außerdem:** Küchengarn

Rinderfilets mit je 2 Scheiben Bacon umwickeln und mit Küchengarn fixieren, anschließend das Fleisch mit etwas Pflanzenöl bestreichen.

Die Garnelen bis auf die Schwanzflosse schälen, den Darm entfernen und ebenfalls mit Öl bestreichen. Mit dem Knoblauchgranulat bestreuen.

Den Grill sowohl auf 200 °C direkte als auch indirekte Hitze vorbereiten.

Die Filets bei direkter Hitze auf den Rost legen und je 4 Minuten bei geschlossenem Deckel von beiden Seiten grillen, die Garnelen 2 Minuten auf jeder Seite. Die Filets in die indirekte Zone des Grills legen. Weitere 5 Minuten unter dem Deckel bis zu einer Kerntemperatur von 55 °C gar ziehen lassen.

Zum Servieren die Filets mit grobem Pfeffer und Fleur de Sel würzen und, mit je 2 Garnelen belegt, anrichten.

4 Personen | Temperatur: 200 °C | direkt und indirekt bei geschlossenem Deckel

Das passt dazu
KÖLSCH
CRAFT BEER
CHARAKTER
teilweise angenehm blumig oder fruchtig, angenehm herb
4,6–5,1 Vol.-%

T-BONE-STEAKS

mit TOMATEN-RELISH

Für das Tomaten-Relish:	1 kleine Chilischote	Salz
10 eingelegte getrocknete Tomaten (aus dem Glas)	Saft von 1 Zitrone	50 g Butter
1 kleines Bund frische Minze	½ TL Knoblauchgranulat	2 EL Pflanzenöl
	100 ml Pflanzenöl	2 große T-Bone-Steaks (je 700 g)

Für das Relish eingelegte Tomaten fein hacken. Die Minze abspülen, trocken schütteln, Blätter abzupfen und fein hacken. Die Chilischote fein hacken. Tomaten, Minze und Chilischote mit Zitronensaft, Knoblauchgranulat und Pflanzenöl mischen und mit Salz abschmecken.

Den Grill sowohl auf 250 °C direkte als auch indirekte Hitze vorbereiten.

Die Butter gemeinsam mit dem Pflanzenöl erhitzen.

Die Steaks entlang des Knochens etwas einschneiden, mit der flüssigen Butter-Pflanzenöl-Mischung bestreichen und von jeder Seite 4 Minuten grillen. Anschließend weitere 4 Minuten bei geschlossenem Deckel in der indirekten Zone garen. Das Fleisch entlang des Knochens ablösen und mit dem Tomaten-Relish überziehen.

Tipp
Dazu passen sehr gut Süßkartoffel-Fritten (siehe Seite 286).

4 Personen | Temperatur: 250 °C | direkt und indirekt bei geschlossenem und offenem Deckel

Das passt dazu

STOUT

CRAFT BEER

CHARAKTER
röstaromatisch,
strenge Bittere

4,0–5,0 Vol.-%

A CALIFORNIA

SCHWEIN

Schweinefleisch gehört bei uns zu den beliebtesten Fleischsorten und lässt sich auf dem Grill vielseitig kombinieren und variieren

SPARERIBS

mit BBQ-RUB

Für den Rub:

½ TL geräuchertes Paprikapulver

2 TL Salz

1 TL Senfpulver

1 TL Piment d´Espelette oder eine andere milde Chilisorte

2 TL Kreuzkümmelsamen

2 TL brauner Zucker

1 TL schwarze Pfefferkörner

2 TL Knoblauchgranulat

Für die Glasur:

100 ml Barbecuesauce

1 EL Ahornsirup

1 kleine Flasche Chilisauce

Für das Fleisch:

1,5–2 kg Schweinerippchen (oder Querrippe vom Rind)

1 Flasche Craft Beer

1 kleine Frühlingszwiebeln (nach Belieben)

1 kleine Chilischote (nach Belieben)

Außerdem:

Räucherholz-Chunks oder Chips

Die Zutaten für den Rub mörsern und mischen. Ebenso die Zutaten für die Glasur verrühren.

Das Feisch von überschüssigem Fett, Knochensplittern und Silberhaut befreien, abspülen und trocken tupfen. Fleisch mit dem Rub einreiben, in Folie wickeln und ca. 4 Stunden, am besten über Nacht, im Kühlschrank ruhen lassen.

Den Grill auf 120 °C indirekte Hitze vorbereiten und gegebenenfalls Tropfschale einsetzen.

Bei Verwendung eines Brikettgrills ca. 3–4 Räucherholz-Chunks auf bzw. an die Briketts legen, bei Verwendung eines Gasgrills kommt eine Räucherbox zum Einsatz (siehe Herstelleranleitung).

Fleisch auf den Rost oder in den Sparerib-Halter legen und bei geschlossenem Deckel ca. 2–3 Stunden räuchern.

Für die nächste Grillphase Spareribs auf eine doppelte Lage Alufolie legen und mit einem guten Schuss Craft Beer begießen, die Folie gut verschließen und für weitere 1,5–2 Stunden bei unveränderter Temperatur dämpfen. Den Grilldeckel geschlossen halten.

Nach dem Dämpfen die Spareribs aus der Folie nehmen und mit der Glasur bestreichen. Weitere 45 Minuten bei unveränderter Temperatur auf dem Rost fertiggrillen. Dann mit einem scharfen Messer in Portionen schneiden und nach Belieben mit klein geschnittenen Frühlingszwiebeln und klein geschnittener Chilischote bestreuen.

8 Personen | Temperatur: 120 °C | indirekt bei geschlossenem Deckel

Das passt dazu
WEIZENBOCK
CRAFT BEER
CHARAKTER
spritzig, vollmundig,
malzaromatisch,
Spur bananenartig
6,0–8,0 Vol.-%

PULLED PORK

mit SPROSSEN *im* FLADENBROT

Für die Injektion:	Für den Rub:	Für das Brot:
1 Tasse Apfelsaft	1 EL schwarze Pfefferkörner	Fladenbrot
1 Tasse Fleischbrühe oder -fond	1 EL grobes Meersalz	Mayonnaise
6 EL Worcestersauce	1 TL ganzer Kümmel	Sprossen
2 EL Barbecuesauce	1 TL Knoblauchgranulat	**Außerdem:**
Für das Fleisch:	1 TL geräuchertes Paprikapulver	1 Marinadenspritze
2 kg Schweinenacken	1 EL brauner Zucker	
4 EL Dijonsenf		

Die Zutaten für die Injektion miteinander verrühren, diese mit der Marinadenspritze aufziehen und die Marinade im Abstand von 5 cm behutsam und vollständig in den Schweinenacken spritzen.

Für den Rub die Zutaten mörsern. Schweinenacken mit Dijonsenf einreiben, anschließend großzügig mit dem Rub bestreuen und fest in Frischhaltefolie wickeln. Für ca. 12 Stunden in den Kühlschrank legen.

Den Grill auf 110 °C indirekte Hitze vorbereiten.

Um die Temperatur zu regulieren, gegebenenfalls zwischen Grill und Deckel einen kleinen Abstandshalter platzieren (z. B. geknickte Alufolie).

Das Fleisch aus der Folie nehmen, in eine Auflaufform legen. Das Fleisch in der Form bei geschlossenem Deckel für mindestens 12 Stunden grillen. Am besten ein Fleischthermometer verwenden, die Kerntemperatur sollte am Ende der Grillzeit 90–95 °C betragen. Das Fleisch in Alufolie wickeln und warm halten. Zum Servieren mit zwei Gabeln zerrupfen.

Zum Essen aus der Hand das Fladenbrot aufschneiden, innen mit Mayonnaise bestreichen und mit gut abgespülten Sprossen sowie Fleisch füllen.

4 Personen | 110 °C | indirekt bei geschlossenem Deckel

Das passt dazu
BERLINER WEISSE
CRAFT BEER
CHARAKTER
blumig, angenehm säuerlich, fruchtaromatisch
2–3 (2,7–2,8) Vol.-%

BOURBON FRENCH RACK

mit RAUCHIGER WHISKEY-GLASUR

1,4 kg Schweinskarree vom Duroc-Schwein

Für den Rub:

1 EL frisch gemahlener schwarzer Pfeffer

1 TL Koriandersamen

3 Pimentkörner

½ TL geräuchertes Paprikapulver

1 EL brauner Zucker

1 TL Salz

1 TL Schale von 1 Bio-Zitrone

Für die Glasur:

6 EL Ahornsirup

1 EL brauner Zucker

2 TL Rauchsalz

2 EL Worcestersauce

4 EL Bourbon Whiskey

Die Zutaten für den Rub mörsern und das trocken getupfte Karree damit einreiben. Anschließend in Folie wickeln und mindestens 2 Stunden kühl ruhen lassen.

Die Zutaten für die Glasur mischen und beiseitestellen.

Den Grill auf 150 °C indirekte Hitze vorbereiten.

Schweinskarree von anhaftenden Würzzutaten befreien. Auf den Grill legen und bei geschlossenem Deckel 45 Minuten grillen, bis der Knochenbogen nach oben zeigt. Karree wenden, weitere 45 Minuten bei geschlossenem Deckel grillen und immer wieder mit der Glasur bestreichen. Wenn das Fleisch eine Kerntemperatur von 62 °C erreicht hat, ist es genau richtig gegart. Vor dem Servieren noch 15 Minuten ruhen lassen.

Tipp
Für eine besonders krosse Kruste die Temperatur zum Ende der Grillzeit auf 200 °C erhöhen. Als Beilage dazu schmecken die Baked Beans (siehe Seite 283).

6 Personen | Temperatur: 150 °C | indirekt bei geschlossenem Deckel

Das passt dazu
STOUT
CRAFT BEER
CHARAKTER
röstaromatisch,
strenge Bittere
4,0–5,0 Vol.-%

SALTIM BOCCA

mit LUFTGETROCKNETEM SCHINKEN *und* FRISCHEM SALBEI

600 g Schweinefilet

Salz

frisch gemahlener Pfeffer

80 g luftgetrockneter Schinken (z. B. Parma oder Serrano)

8 frische Salbeiblättchen

2 EL Pflanzenöl

800 g Süßkartoffeln

200 g Blauschimmelkäse

50 g Butter

Außerdem:

Küchengarn

Schweinefilet in 3 cm dicke Stücke schneiden, leicht salzen und pfeffern und mit dem Schinken und je 2 Salbeiblättchen umwickeln, gegebenenfalls mit etwas Küchengarn fixieren.

Den Grill auf 200 °C indirekte Hitze vorbereiten.

Süßkartoffeln schälen, waschen, in grobe Stücke schneiden und in Alufolie wickeln. Bei geschlossenem Grill ca. 25 Minuten garen.

In der Zwischenzeit den Blauschimmelkäse in kleine Würfel schneiden, die Butter in einem kleinen Topf zerlassen und leicht bräunen.

Sobald die Süßkartoffeln weich sind, Schweinefiletstücke mit etwas Pflanzenöl bestreichen und jeweils 5 Minuten von jeder Seite bei offenem Deckel grillen.

Süßkartoffelstücke in eine Schüssel geben, gebräunte Butter zufügen und behutsam mit dem Handmixer glattrühren. Mit Salz und Pfeffer abschmecken und den gewürfelten Käse unterheben. Süßkartoffelpüree zum Schweinefilet servieren.

4 Personen | Temperatur: 200 °C | indirekt bei geschlossenem und offenem Deckel

Das passt dazu
WEISSBIER + CASCADE
CRAFT BEER
CHARAKTER
weizen- und hopfenaromatisch, fruchtig, frische Hefenote, Citrusaroma
4,0–5,5 Vol.-%

SCHWEINERÜCKENBRATEN

mit FETA-FÜLLUNG

Für den Rub:

1 TL getrockneter Majoran

1 TL getrockneter Thymian

1 TL getrockneter Oregano

½ TL geräuchertes Paprikapulver

½ TL Knoblauchgranulat

1 TL Koriandersamen

1 TL Zwiebelpulver

1 TL Zucker

1 TL Salz

Für das Fleisch:

1,5 kg Schweinerücken

1 EL Dijonsenf

etwas Pflanzenöl

Für die Füllung:

200 g Feta

1 mittelgroße Zwiebel

8 getrocknete schwarze Oliven ohne Stein

8 getrocknete eingelegte Tomaten (aus dem Glas)

Außerdem:

Küchengarn

1 Grillschale

Die Zutaten für den Rub im Mörser zerkleinern und alles miteinander vermischen.

Das Fleisch parieren, d. h. von Fett und Sehnen befreien, und anschließend mit einem langen Messer längsseitig aufschneiden, sodass eine dicke Scheibe entsteht (kann auch der Fleischer erledigen). Gegebenenfalls. leicht plattieren und dann mit etwas Senf und dem Rub einreiben. Fleisch in Folie wickeln und ca. 6 Stunden im Kühlschrank ruhen lassen.

Für die Füllung Feta zerbröseln und in eine Schüssel geben, Zwiebel abziehen, klein schneiden und zum Feta geben. Oliven und Tomaten ebenfalls klein schneiden, hinzufügen und die Zutaten gut vermengen. Falls etwas Rub übrig ist, diesen untermischen.

Den Grill auf 150 °C indirekte Hitze einstellen. Fleisch aus dem Kühlschrank holen, den Rub abstreifen, Zimmertemperatur annehmen lassen. Mit der Feta-Füllung belegen. Fest zusammenrollen und mit Küchengarn verschnüren.

Das Fleisch auf den Rost oder in eine Grillschale legen, mit etwas Pflanzenöl bestreichen und bei geschlossenem Grilldeckel ca. 90 Minuten grillen. Alle 30 Minuten mit etwas Öl einstreichen.

Bei einer Kerntemperatur von ca. 70 °C den Braten vom Rost nehmen, in Alufolie einschlagen und 10 Minuten ruhen lassen. Zum Servieren das Küchengarn entfernen und das Fleisch in Scheiben schneiden.

6–8 Personen | Temperatur: 150 °C | indirekt bei geschlossenem Deckel

Das passt dazu
ALT
CRAFT BEER
CHARAKTER
angenehm bitter,
herzhaft,
auch rustikal
4,8–5,0 Vol.-%

BEER BRATS

mit ZWIEBELN

1 kleines Bund frischer Thymian	4 große Gemüsezwiebeln	**Außerdem:**
2 l Bier (helles Lager)	1,2 kg gemischte Grillwürste	1 große Grillpfanne
60 g Butter	Salz	
1 EL gekörnte Brühe	frisch gemahlener Pfeffer	

Den Grill auf 220 °C direkte Hitze vorbereiten. Thymian waschen, trocken schütteln und klein hacken.

Das Bier, die Butter und den Thymian in eine große Grillpfanne geben. Auf dem Grill bei geschlossenem Deckel zum Kochen bringen und die gekörnte Brühe zufügen.

Die Zwiebeln schälen, in Ringe schneiden und mit in die Grillpfanne geben. Das Ganze ca. 20 Minuten einkochen lassen. Anschließend die Grillpfanne vom Rost nehmen und beiseitestellen.

Jetzt die Grillwürste auflegen und offen grillen. Die fertig gegrillten Würste zum Bier-Zwiebel-Sud in die Pfanne geben und diese nochmals 10 Minuten auf den geschlossenen Grill stellen, um alles erneut aufzukochen. Mit Salz und Pfeffer würzen.

4 Personen | Temperatur: 220 °C | direkt bei geschlossenem und offenem Deckel

Das passt dazu
ALT
CRAFT BEER
CHARAKTER
angenehm bitter,
herzhaft,
auch rustikal
4,8–5,0 Vol.-%

SCHASCHLIK

mit MANGO-CURRY-SAUCE

Für die Mango-Curry-Sauce:

250 g Tomatenmark (dreifach konzentriert)

5 EL Olivenöl

1 EL Madras-Currypulver (ind. Currypulver-Sorte)

500 ml Cola

1 reife Mango

2 Dosen gehackte Tomaten (Füllgewicht 400 g)

Salz

frisch gemahlener Pfeffer

Für die Spieße:

800 g Schweinenacken

Saft von 2 Zitronen

Salz

frisch gemahlener Pfeffer

je 1 gelbe und rote Paprika

2 rote Zwiebeln

etwas Pflanzenöl

Außerdem:

8 Holz- oder Metallspieße

Die Spieße, sofern aus Holz, wässern. Den Grill auf 180 °C direkte Hitze vorbereiten.

Für die Mango-Curry-Sauce Tomatenmark mit Olivenöl und Currypulver in einem Topf 2 Minuten anrösten, danach mit Cola ablöschen. Mango halbieren, entsteinen und schälen. Das Fruchtfleisch würfeln. Mit den gehackten Tomaten hinzugeben und 3 Minuten köcheln. Das Ganze pürieren und mit Salz und Pfeffer abschmecken.

Für die Spieße das Fleisch in Stücke schneiden (ca. 3–4 cm Kantenlänge), in eine Schüssel legen und mit Zitronensaft beträufeln. Salzen und pfeffern. Anschließend 3 Stunden abgedeckt in den Kühlschrank stellen. Die beiden Paprikaschoten halbieren, entkernen, Trennwände entfernen und waschen. Zwiebeln schälen. Paprika und Zwiebeln klein schneiden, zum Fleisch in die Schüssel geben und mit einem Schuss Pflanzenöl gut durchmischen. Anschließend abwechselnd das Fleisch und das Gemüse auf die Spieße stecken.

Die Spieße auf den Grillrost legen und von allen Seiten insgesamt 10 Minuten grillen. Zum Servieren mit der Mango-Curry-Sauce überziehen.

Tipp
Nach Geschmack mit etwas klein gehacktem Frühlingszwiebelgrün bestreuen. Auch die Zusammensetzung der Spieße kann beliebig variiert werden.

4 Personen | Temperatur: 180 °C | direkt bei geschlossenem und offenem Deckel

BACON BOMBS

mit WÜRZIGEM HACKFLEISCH

1 Brötchen oder 2 Scheiben Toast	1 Ei (Größe M)	12 Scheiben Frühstücksspeck
1 Zwiebel	1 EL Steinpilzpuder	4 Zweige frischer Rosmarin
1 Knoblauchzehe	1 EL Ketchup	**Außerdem:**
½ Bund frische Petersilie	1 EL Senf	4 Stücke Schweinenetz mit feuerfestem Garn (vom Metzger)
2 Stängel frischer Majoran	Salz	
600 g gewürztes Schweinehackfleisch	frisch gemahlener Pfeffer	

Brötchen oder Toastbrot in Wasser einweichen und anschließend ausdrücken. Zwiebel und Knoblauch schälen und fein würfeln bzw. schneiden. Petersilie und Majoran waschen. trocken schütteln, Blätter abzupfen und fein hacken. Hackfleisch, Ei, Zwiebel, Knoblauch, Kräuter, Steinpilzpuder, Ketchup, Senf und Brötchen miteinander vermengen. Mit Salz und Pfeffer abschmecken.

Das Schweinenetz in einer Schöpfkelle (300 ml) ausbreiten, mit je 3 Baconscheiben auslegen und mit der Hackmasse füllen. Behutsam zusammenklappen. Das Schweinenetz oben eindrehen und mit Garn zubinden.

Die Bacon Bombs 5 Minuten bei direkter Hitze (ca. 220 °C) und anschließend 35 Minuten im Ruhebereich bei geschlossenem Deckel grillen. Mit Rosmarin garnieren und anrichten.

4 Personen | Temperatur: ca. 220 °C | direkt bei offenem Deckel / Ruhezeit bei geschlossenem Deckel

PAPADA-SPIESS

mit TOMATEN-GREMOLATA

Für die Tomaten-Gremolata:

2 Tomaten

1 rote Zwiebel

1 Bund frisches Koriandergrün

30 g Pinienkerne

Saft und abgeriebene Schale von ½ Bio-Limette

Salz

frisch gemahlener Pfeffer

2 TL brauner Zucker

Für die Papada:

600–800 g Papada vom Ibérico-Schwein (aus dem Kinnbereich)

abgeriebene Schale von 1 Bio-Zitrone

abgeriebene Schale von 1 Bio-Limette

1 Stück gemörserter Langpfeffer

50 ml Olivenöl

etwas Salz

Außerdem:

6–8 Metallspieße

Für die Tomaten-Gremolata Tomaten waschen und würfeln, Zwiebeln schälen und würfeln. Koriander waschen, trocken schütteln und die Blättchen fein hacken. Pinienkerne fein mahlen. Alle Zutaten für die Gremolata verrühren. Mit Salz, Pfeffer und Zucker abschmecken.

Für die Papada das Fleisch in 2 cm große Würfel schneiden und auf einen Metallspieß stecken. Abgeriebene Zitronen- und Limettenschale mit Olivenöl und Langpfeffer verrühren und damit die Spieße bestreichen. Etwa 30 Minuten im Kühlschrank marinieren.

Den Grill auf 180 °C direkte Hitze vorbereiten.

Die marinierten Spieße direkt auf die Glut legen und von allen Seiten ca. 10–15 Minuten schön anrösten. Garprobe machen! Anschließend 3 Minuten ruhen lassen, die Würfel in dünne Tranchen schneiden und mit etwas Salz bestreuen.

Mit Tomaten-Gremolata und frischen Kartoffelpommes (siehe Seite 284) oder dicken Scheiben geröstetem Weißbrot servieren.

2–4 Personen | Temperatur: 180 °C | direkt bei offenem Deckel

SCHWEINEBAUCH

mit COGNAC

1,2 kg Schweinebauch

Für den Rub:

1 EL frisch gemahlener schwarzer Pfeffer

1 TL Koriandersamen

1 TL Knoblauchgranulat

½ TL geräuchertes Paprikapulver

1 EL brauner Zucker

1 TL Salz

1 TL abgeriebene Schale von 1 Bio-Orange

Für die Glasur:

6 EL flüssiger Honig

1 EL brauner Zucker

1 TL Knoblauchgranulat

2 TL Rauchsalz

2 EL Worcestersauce

4 EL Cognac oder Weinbrand

Die Zutaten für den Rub im Mörser zerkleinern und den Schweinebauch rundherum damit einreiben. Mindestens 1 Stunde, besser über Nacht, abgedeckt ruhen lassen.

Alle Zutaten der Glasur miteinander vermischen.

Den Grill auf 150 °C indirekte Hitze vorbereiten. Schweinebauch auf den Rost oder in eine Grillschale legen und bei geschlossenem Deckel je 1 Stunde von beiden Seiten grillen. Dabei immer wieder mit der selbstgemachten Glasur bestreichen.

Wer sich eine knusprige Schwarte wünscht, erhöht die Temperatur ca. 20 Minuten vor Garende auf 220 °C.

Tipp
Mit Rosmarinkartoffeln aus dem Ofen servieren.

6–8 Personen | Temperatur: 150 °C | indirekt bei geschlossenem Deckel

Das passt dazu
STOUT
CRAFT BEER
CHARAKTER
röstaromatisch,
strenge Bittere
4,0–5,0 Vol.-%

SPANFERKELSCHULTER

mit KNUSPRIGER SCHWARTE

1,2 kg Spanferkelschulter mit Schwarte **Für den Rub:** 1 EL abgeriebene Schale von 1 Bio-Orange	1 TL schwarze Pfefferkörner 1 TL Koriandersamen 1 TL Knoblauchgranulat 1 TL Ingwerpulver 4 Wacholderbeeren	1 TL ganzer Kümmel 1 EL Rauchsalz

Für den Rub die Zutaten fein mörsern und mischen. Den Grill auf 160 °C indirekte Hitze vorbereiten.

Schwarte der Spanferkelschulter mit langen Schnitten einritzen und Schulter mit dem Rub großzügig einreiben. Schulter, abgedeckt oder in Folie gewickelt, ca. 4 Stunden ruhen lassen.

Spanferkelschulter je 1 Stunde von beiden Seiten grillen. Für eine krosse Haut die Hitze 10 Minuten vor Ende der Grillzeit auf 220 °C erhöhen. Den Deckel die ganze Zeit geschlossen halten.

Tipp
Dazu schmeckt besonders der gegrillte Butter-Rotkohl (siehe Seite 288).

6 Personen | Temperatur: 160 °C | indirekt bei geschlossenem Deckel

Das passt dazu
RAUCHBIER
CRAFT BEER
CHARAKTER
vollmundig und rauchig
5,0–6,0 Vol.-%

SOUS VIDE

CHAR-SUI-SCHWEINEFILET

mit PAK CHOI *und* INGWER

1 kg Schweinefilet aus der Mitte (1–2 Filets, ca. 5 cm dick)

Für die Marinade:

2 Knoblauchzehen

100 g flüssiger Honig

1 TL Five-Spice-Gewürz (Asienladen)

1 TL geräuchertes Paprikapulver

1 TL frisch gemahlener Pfeffer

4 EL Shaoxing-Reiswein (chin. Wein)

1 EL Sesamöl

120 ml Hoisin-Sauce (chin. Sauce, dickflüßig und süß)

1 EL Zuckerrübensirup

Für das Gemüse:

600 g Pak Choi

40 g frischer Ingwer

4 EL Olivenöl

1 EL Sojasauce

4 EL Frühlingszwiebeln

Das Schweinefilet von Fett und Sehnen befreien, waschen und trocken tupfen.

Für die Marinade den Knoblauch schälen, hacken und mit den übrigen Marinadezutaten verrühren. Drei Viertel der Marinade mit dem Fleisch in einem Vakuumbeutel vakuumieren oder in einen Ziplock-Beutel geben. Übrige Marinade beiseitestellen. Das Filet im Wasserbad bei 58 °C 1 Stunde garen.

Für das Gemüse den Pak Choi waschen, trocken tupfen und in Blätter zerlegen. Den Ingwer schälen und in feine Streifen schneiden. 2 EL Olivenöl in einer Pfanne erhitzen, den Ingwer darin 2 Minuten dünsten. Pak Choi zugeben und 1 Minute mitdünsten. Mit Sojasauce würzen.

Das Filet aus dem Beutel nehmen und etwas trocken tupfen. Mit Olivenöl bestreichen. Das Fleisch bei 220 °C von allen Seiten insgesamt 3–5 Minuten grillen. Dabei zwischendurch ein- bis zweimal mit etwas Marinade aus dem Beutel bestreichen.

Das Fleisch in Scheiben schneiden. Die Frühlingszwiebeln waschen, putzen und fein hacken. Fleisch mit Pak Choi und Frühlingszwiebelringen anrichten. Mit der übrigen Marinade beträufelt servieren.

4 Personen | Temperatur: 220 °C | direkt bei offenem Deckel

TOMAHAWK STEAKS

mit SENFKRUSTE

Für die Senfkruste:

4 EL grobkörniger Senf

2 EL Dijonsenf

150 g sehr weiche Butter

1 TL Salz

50 g Panko oder Semmelbrösel

abgeriebene Schale von 1 Bio-Zitrone

Salz

frisch gemahlener Pfeffer

Für das Fleisch:

4 Tomahawk-Steaks vom Schwein (aus dem Nackenbereich, beim Fleischer vorbestellen)

etwas Pflanzenöl

Salz

frisch gemahlener Pfeffer

Die Zutaten für die Senfkruste in eine Schüssel geben und gut miteinander vermengen.

Den Grill auf 200 °C direkte und indirekte Hitze vorbereiten.

Die Tomahawk Steaks mit etwas Pflanzenöl bestreichen, gut salzen und pfeffern, dann von beiden Seiten jeweils 4 Minuten angrillen.

Die Senfkruste einseitig auf den Steaks verteilen, etwas andrücken und bei indirekter Hitze ca. 10 Minuten bei geschlossenem Deckel weitergrillen, bis die Kruste schön braun geworden ist. Vor dem Servieren Steaks 5 Minuten ruhen lassen.

Tipp
Dazu passen gegrillte Brezenknödel (siehe Seite 282)

4 Personen | Temperatur: 200 °C | direkt und indirekt bei geschlossenem und offenem Deckel

Das passt dazu

ALT

CRAFT BEER

CHARAKTER
angenehm bitter,
herzhaft,
auch rustikal

4,8–5,0 Vol.-%

WILD

Im Herbst hat Wild Hochsaison und stellt durch seinen aromatischen Eigengeschmack einen besonderen Grillgenuss dar

DUTCH OVEN

WILDSCHWEINGULASCH

mit PILZEN

1,2 kg Wildschweingulasch (aus der Oberschale)	Pflanzenöl	2 Lorbeerblätter
Salz	1 EL Tomatenmark	200 g Sahne
2 Zwiebeln	500 ml Rotwein	2 EL Preiselbeeren
1 Knoblauchzehe	500 ml Wildfond (wahlweise Wasser)	Speisestärke (nach Belieben)
1 Möhre	2 Nelken	frisch gemahlener Pfeffer
¼ Knollensellerie	4 Wacholderbeeren	
400 g Pilze der Saison (z.B. Champignons, Steinpilze, Pfifferlinge)	4 Pimentkörner	
	8 schwarze Pfefferkörner	

Eine Glut aus Kohlen oder Briketts vorbereiten.

Wildschweingulasch kräftig salzen. Zwiebeln, Knoblauchzehe, Möhre und Knollensellerie schälen und in grobe Würfel schneiden. Die Pilze putzen und in ca. 2 cm große Stücke schneiden.

Den Dutch Oven in die Glut stellen, etwas Öl hineingeben und das Fleisch mit dem Gemüse und den Pilzen kräftig anbraten. Tomatenmark hinzugeben, ebenfalls kurz mit anbraten und alles mit dem Rotwein sowie dem Wildfond ablöschen.

Nelken, Wacholderbeeren, Piment- und Pfefferkörner in einem Mörser grob zerkleinern. Die Gewürze zusammen mit den Lorbeerblättern in den Topf geben und den Dutch Oven mit seinem Deckel verschließen. Die Hälfte der heißen Briketts oder Kohlen auf dem Deckel und die andere Hälfte unter dem Topf verteilen. Das Gulasch ca. 1 Stunde 30 Minuten–2 Stunden weich köcheln lassen.

Den Deckel entfernen und das Gulasch mit der Sahne und den Preiselbeeren verfeinern. Gegebenenfalls mit Stärke abbinden. Nach Belieben mit Salz und Pfeffer nachwürzen.

Tipp
Das Gulasch mit Kartoffel- oder Kürbispüree servieren.

4 Personen · Dutch Oven (Fassungsvermögen ca. 3–4 Liter)

WILDSCHWEINKEULE

mit NUSS-KRÄUTER-PASTE

3 kg Wildschweinkeule 3 EL Walnusskerne 2 Knoblauchzehen	je 2 EL fein gehackte Blättchen frischer Thymian, Salbei, Rosmarin und Bohnenkraut 1 EL Salz	1 TL frisch gemahlener schwarzer Pfeffer 6–8 EL Olivenöl

Die Keule von grobem Fett und Sehnen befreien. Nüsse klein hacken, Knoblauch schälen und fein hacken. Dann beides mit Kräuterblättchen, Salz, Pfeffer und Olivenöl zu einer homogenen Paste mischen. Das Fleisch großzügig damit bestreichen.

Den Grill auf 120 °C indirekte Hitze vorbereiten.

Nun auf dem Grill 5–6 Stunden bei geschlossenem Deckel grillen, bis eine Kerntemperatur von 70–72 °C erreicht ist.

Die Keule aufschneiden und auf Teller verteilen.

Tipp
Dazu passen geräucherte Drillinge (siehe Seite 214), Apfelkompott, Butter-Rotkohl (siehe Seite 288), oder auch ein frischer Blattsalat mit Vinaigrette.

6-8 Personen | Temperatur: 120 °C | indirekt bei geschlossenem Deckel

REHBRATWURST

mit WURZELGEMÜSE AUS DEM OFEN

Für die Würste:

2 kg Rehkeulenfleisch

500 g Rehnackenfleisch

1 kg sehr fetter Schweinebauch

15 g frisch gemahlener schwarzer Pfeffer

8 g gemahlener Piment

½ TL frisch geriebene Muskatnuss

12 g Salz

6 Zweige frischer Thymian

evtl. Fett zum Braten

Für das Grillgemüse:

300 g gemischtes Wurzelgemüse (z. B. Pastinaken, Möhren, Rote Bete, Petersilienwurzel, Knollensellerie)

2–3 TL neutrales Öl

Salz

1 EL flüssiger Honig

200 g festkochende Kartoffeln pro Person

Außerdem:

ca. 4 m Schweinedarm (Kaliber 30/32; beim Metzger bestellen oder beim Metzgereibedarf)

Wurstgarn (beim Metzger bestellen oder beim Metzgereibedarf)

Fleischwolf mit Wurstfüllvorsatz oder ein anderer Wurstfüller

Für die Würste den Schweinedarm nach Packungsanweisung ca. 20 Minuten in warmem Wasser einweichen. Rehfleisch in ca. 1,5 cm große und Schweinebauch in 1 cm große Würfel schneiden. Fleisch durch die feine Scheibe des Fleischwolfs drehen. Mit Gewürzen und Salz sehr gut verkneten. Die Thymianblättchen waschen, trocken tupfen und zum Fleisch zugeben. Die Masse mit dem Wurstfüllvorsatz des Fleischwolfs in den Darm füllen. Nur sehr locker einfüllen, da sich der Inhalt beim Garen noch ausdehnt. Lufteinschlüsse vermeiden. Mit einem Faden ca. alle 15 cm abbinden.

Den Grill auf 120 °C indirekte Hitze vorbereiten.

Gemüse schälen und in ca. 1 cm dicke Würfel schneiden. Mit 1–2 TL Öl, Salz und Honig gut vermischen. In einer mit Backpapier ausgelegte Grillschale verteilen und bei geschlossenem Deckel 35 Minuten garen.

Kartoffeln schälen und in ca. 1,5 cm dicke Würfel schneiden. Kurz waschen und trocken tupfen. Mit 1 TL Öl und Salz gut vermischen. Unter das Ofengemüse mischen und alles weitere 20 Minuten garen. Vor dem Herausnehmen prüfen, ob alles gar ist! Das Gemüse warm stellen.

Den Grill auf 190 °C direkte Hitze umstellen.

Die Würste ohne Deckel und von allen Seiten goldbraun grillen.

Würste mit dem Grillgemüse auf Teller verteilen.

Tipp
Wer keine Zeit zum Wurstmachen hat, nimmt Würste in guter Qualität vom Metzger.

Mindestens 20 Würste (à 120 g) | Temperatur: 120/190 °C | direkt und indirekt bei geschlossenem und offenen Deckel

HERBSTSALAT MIT REHRÜCKEN

mit MÖHRE *und* WALNUSS

Für das Dressing:

1 Knoblauchzehe

2 EL Olivenöl

1 EL frisch gepresster Zitronensaft oder Obstessig

½ TL Senf

1 EL flüssiger Honig

1 TL Dillspitzen

Salz

frisch gemahlener schwarzer Pfeffer

Für den Salat:

1 Kopf Lollo rosso

2 Äpfel

1 mittelgroße Möhre

4 EL Walnusskerne

Für das Fleisch:

350 g geschnetzelter Rehrücken

Salz

frisch gemahlener schwarzer Pfeffer

2 EL Butterschmalz

1 EL Aprikosengelee

Außerdem:

Pfanne

Den Grill auf 200 °C direkte Hitze vorbereiten.

Für das Dressing Knoblauch schälen, durchpressen und mit allen weiteren Zutaten mischen.

Für den Salat den Lollo rosso waschen, trocken schleudern und die Blätter etwas zerzupfen. Äpfel schälen und in Streifen schneiden, Möhre schälen und raspeln, die Walnüsse hacken. Alle Zutaten vermischen. Kurz vor dem Servieren das Dressing unterheben.

Für das Fleisch den Rehrücken mit Salz und Pfeffer würzen. Die Pfanne auf dem Rost vorheizen. Butterschmalz darin erhitzen und das Fleisch ca. 3–5 Minuten unter Rühren darin braten. Aprikosengelee einrühren.

Salat auf Teller verteilen und das Reh darauf anrichten.

Tipp
Wer das Fleisch im eigentlichen Sinne grillen möchte, schneidet es in zwei oder drei Steaks und gart diese bei direkter Hitze ohne Deckel. Das Aprikosengelee in einer kleinen Kasserolle erhitzen und das in feine Streifen geschnittene Fleisch einmal darin schwenken.

2 Personen | Temperatur: 200 °C | direkt bei offenem Deckel

DUTCH OVEN

REHKEULE

mit KÜRBIS-MARONEN-GEMÜSE

- ½ TL Salz
- frisch gemahlener schwarzer Pfeffer
- ¼ TL gemahlener Wacholder
- ¼ TL Zucker
- 1,2 kg Rehkeule (ohne Knochen)
- Pflanzenöl
- 1 kg Hokkaido-Kürbis
- 1 Zwiebel
- 1 Zweig frischer Thymian
- 300 g vorgegarte Maronen (Vakupack)
- 300 ml Weißwein
- 300 ml Gemüse- oder Fleischbrühe

Eine Glut aus Kohlen oder Briketts vorbereiten.

Das Salz mit 1 Prise Pfeffer, dem Wacholder und dem Zucker mischen. Anschließend die Rehkeule mit der Gewürzmischung von allen Seiten würzen.

Den Dutch Oven in die heiße Glut stellen, etwas Öl hineingeben und die Rehkeule von allen Seiten kräftig anbraten.

In der Zwischenzeit den Kürbis entkernen und in grobe Würfel schneiden. Die Zwiebel schälen und würfeln. Den Thymian waschen, trocken tupfen, Blättchen abzupfen und fein hacken. Den Kürbis, die Maronen, den Thymian und die Zwiebelwürfel unter die Rehkeule in den Dutch Oven schichten. Mit Weißwein und Brühe ablöschen.

Den Dutch Oven mit seinem Deckel verschließen. Die Hälfte der heißen Briketts oder Kohlen auf dem Deckel und die andere Hälfte unter dem Topf verteilen. Die Rehkeule 1 Stunde 30 Minuten weich schmoren.

Tipp
Hokkaido-Kürbis muss man nicht schälen. Die Schale wird so weich, dass sie gar nicht mehr auffällt.

4 Personen · Dutch Oven (Fassungsvermögen ca. 4 Liter)

LAMM

Lamm besticht durch mildes Fleisch, hat aber dennoch einen würzigen Geschmack und gehört daher auf jeden Grill

LAMM-CHOPS

mit PIMIENTOS

Für die Marinade:	1 EL getrockneter Rosmarin	**Für das Fleisch:**
1 EL schwarze Pfefferkörner	1 TL Salz	1,2 kg Lammkoteletts
1 TL Cayennepfeffer	1 TL abgeriebene Schale von 1 Bio-Zitrone	250 g Pimientos (grüne Kirschpaprika)
1 TL Koriandersamen	1 EL Aceto balsamico	etwas Olivenöl
1 TL Knoblauchgranulat	100 ml Olivenöl	Fleur de Sel
1 EL brauner Zucker		

Für die Marinade die trockenen Zutaten für die Marinade mörsern, mit Zitronenschale, Aceto balsamico und Olivenöl zu einer Marinade verrühren.

Lammkoteletts mit der Marinade überziehen, mindestens 4 Stunden abgedeckt ruhen lassen.

Die Pimientos putzen, waschen, gegebenenfalls den Stiel etwas kürzen und mit etwas Olivenöl bestreichen.

Den Grill auf 200 °C direkte Hitze vorbereiten.

Lammkoteletts und Pimientos zusammen in eine Grillschale legen und insgesamt 8 Minuten grillen, dabei mehrfach wenden. Zum Schluss alles mit Fleur de Sel würzen.

4 Personen | Temperatur: 200 °C | direkt bei offenem Deckel

Das passt dazu
WEIZENBOCK
CRAFT BEER
CHARAKTER
spritzig, vollmundig,
malzaromatisch,
Spur bananenartig
6,0–8,0 Vol.-%

LAMM-SCHWERTER

in ORIENTALISCHER GEWÜRZMISCHUNG

800 g Lammfleisch aus der Schulter

Für den Rub:

2 EL frischer, gehackter Thymian

1 EL abgeriebene Schale von 1 Bio-Zitrone

1 TL ganzer Kümmel

1 TL Knoblauchgranulat

1 TL Koriandersamen

1 EL Meersalz

1 EL frisch gemahlener schwarzer Pfeffer

Für das Gemüse:

6 eingelegte getrocknete Tomaten

2 Frühlingszwiebeln

1 Fenchelknolle

6 vorgegarte Mini-Kartoffeln

Pflanzenöl

1 EL gehackte Minze

Saft von 1 Zitrone

Außerdem:

4 große Kebabspieße

Lammschulter von Fett und Sehnen befreien und in ca. 3 cm große Stücke schneiden.

Die Zutaten für den Rub mörsern, zu den Lammfleischstücken geben und gut vermengen, bis das Fleisch mit dem Rub überzogen ist. Mehrere Stunden, am besten über Nacht abgedeckt in den Kühlschrank stellen und ziehen lassen.

Für das Gemüse Tomaten abtropfen lassen und kleiner schneiden. Die Frühlingszwiebeln waschen und in Stücke schneiden. Die Fenchelknolle putzen und waschen und ebenfalls in Stücke schneiden. Gemüse, Kartoffeln und Lammfleisch abwechselnd auf die Spieße stecken und kurz vor dem Grillen mit etwas Pflanzenöl bestreichen.

Den Grill sowohl auf 200 °C direkte als auch indirekte Hitze vorbereiten.

Die Spieße von jeder Seite ca. 8 Minuten grillen. Sollten sich dunkle Stellen bilden, die Spieße in die indirekte Zone des Grills legen.

Die Spieße auf gehackter Minze servieren und mit Zitronensaft beträufeln.

Tipp
Als orientalische Beilage bietet sich ein Couscous mit Gemüse an.

4 Personen | Temperatur: 200 °C | direkt und indirekt bei offenem Deckel

Das passt dazu

IPA

CRAFT BEER

CHARAKTER
starke Hopfennote, fruchtige Aromen wie Maracuja und Papaya

6–10 Vol.-%

SOUS VIDE

ZARTE LAMMRIPPCHEN

mit BBQ-RUB

2 EL Koriandersamen	1 TL edelsüßes Paprikapulver	**Außerdem:**
2 Nelken	6 Zweige frischer Thymian	Sous-Vide-Gerät und Utensilien
1 TL frisch gemahlener schwarzer Pfeffer	1 El Knoblauchgranulat	
2 TL Kreuzkümmel	1 EL Hickory-Rauchsalz	
1 TL Anissamen	Barbecuesauce	
	ca. 2 kg Lammrippchen	

Für den Rub alle Würzzutaten bis auf das Rauchsalz und die BBQ-Sauce mixen. Dann das Rauchsalz einrühren. Die Rippchen in der Mitte halbieren und gut mit dem Rub einreiben. 6 Stunden marinieren lassen, dann den überschüssigen Rub leicht abklopfen.

Vakuumieren und ca. 16 Stunden bei 68 °C im Sous-Vide-Bad garen.

Den Grill auf 180 °C direkte Hitze vorbereiten.

Rippchen herausnehmen, mit der BBQ-Sauce bestreichen und für ein paar Minuten auf den Grill legen, damit sich Röstaromen bilden.

Tipp
Zu den Rippchen passen Pommes (siehe Seite 284) oder geröstete Paprika.

4 Personen | Temperatur: 180 °C | direkt bei offenem Deckel

SHISH KEBAB

mit TABOULEH

Für den Kebab:

800 g–1 kg Lamm aus der Schulter ohne Fett und Häute

1 EL gemahlener Kreuzkümmel

½ TL gemahlener Piment

½ TL gemahlener Zimt

1 TL Knoblauchgranulat

1 TL Zwiebelgranulat

frisch gepresster Zitronensaft

2 TL Salz

Pflanzenöl zum Bestreichen

Für das Tabouleh:

150 g Bulgur

1 l kochende Gemüsebrühe

4 Tomaten

1 Salatgurke

1 rote Zwiebel

1 Bund glatte Petersilie

1 Bund frische Minze

Saft von 1 Zitrone

5 EL Olivenöl

Salz

frisch gemahlener schwarzer Pfeffer

Außerdem:

4 große Kebabspieße

Für den Kebab die Lammschulter in etwa 3 cm große Würfel schneiden. Alle Gewürze bis auf das Salz mit etwas Ztronensaft mischen und mit dem Fleisch gut vermengen. Über Nacht, gekühlt und abgedeckt, ruhen lassen.

Am nächsten Tag das Lammfleisch salzen und auf geölte Spieße stecken. Vor dem Grillen mit ein wenig Pflanzenöl bestreichen.

Den Grill auf 200 °C direkte Hitze vorbereiten.

Spieße ohne Deckel von jeder Seite etwa 8 Minuten grillen. Zum Servieren mit etwas Zitronensaft beträufeln.

Für das Tabouleh den Bulgur in einer Schüssel mit Brühe übergießen und 30 Minuten quellen lassen. Tomaten waschen, entkernen und würfeln, Salatgurke schälen und würfeln, Zwiebel schälen und in Halbmonde schneiden, Kräuter waschen, trocken schütteln, die Blätter abzupfen und grob zerzupfen.

Den Bulgur abgießen und abkühlen lassen. Gemüse und Kräuter unterheben und mit Zitronensaft und Olivenöl vermischen. Salzen und pfeffern. Spieße mit frisch zubereitetem Tabouleh auf Teller verteilen.

4 Personen | Temperatur: 200 °C | direkt bei offenem Deckel

LAMMKÖFTE

mit AUBERGINEN *und* TAHINSAUCE

Für das Köfte:

2 Auberginen

Olivenöl

Salz

frisch gemahlener schwarzer Pfeffer

1 Knoblauchzehe

400 g mageres Lammhack

1 Ei (Größe S)

¾ TL gemahlener Piment

¾ TL gemahlener Kreuzkümmel

2 EL frische, gehackte Petersilie

2 EL Semmelbrösel

Für die Tahinsauce:

1 Knoblauchzehe

1 ½ EL frisch gepresster Zitronensaft

60 g Tahin (Sesammus)

2 EL frische, gehackte Petersilie

Granatapfelkerne zum Bestreuen

Außerdem:

Blech

Den Grill auf 200 °C direkte Hitze vorbereiten.

Für die Köfte Auberginen waschen, halbieren und mit dem Messer mehrmals einschneiden. Auf ein Blech legen, mit etwas Öl beträufeln, leicht salzen und ca. 30 Minuten bei geschlossenem Deckel garen. Dabei ein- bis zweimal wenden.

Herausnehmen, wenn das Auberginenfleisch schön weich ist, und erkalten lassen. Den Knoblauch schälen und durchpressen. Das Auberginenfruchtfleisch mit einem Löffel von der Schale lösen, eventuell noch etwas zerdrücken und zusammen mit etwas Olivenöl, Salz und Pfeffer sowie Knoblauch zu einer puddingartigen Masse verrühren. 1 Stunde durchziehen lassen.

Grill auf 180 °C temperieren.

Auberginenmasse mit Hackfleisch, noch etwas Öl, dem verquirlten Ei, Gewürzen, Petersilie und Semmelbröseln gut vermengen und würzig abschmecken. Zu Frikadellen formen. Abgedeckt etwa 30 Minuten ruhen lassen. Dann die Köfte auf einem gut eingeölten Rost ohne Deckel von beiden Seiten durchgaren.

Für die Tahinsauce Knoblauch schälen und durchpressen. Mit Zitronensaft, Tahin, 1 EL Petersilie und 50 ml Wasser in eine Schüssel geben und verrühren, bis eine weiche, leicht flüssige Paste entstanden ist.

Köfte auf eine Servierplatte legen und die Sauce darauflöffeln. Mit Granatapfelkernen und restlicher Petersilie bestreuen. Dazu Fladenbrot servieren.

2–4 Personen | Temperatur: 200 °C | direkt bei geschlossenem und offenem Deckel

DUTCH OVEN

LAMMHAXEN

mit SALZZITRONE, TOMATEN *und* KARTOFFELN

800 g Kartoffeln	1 TL Salz	¼ TL frisch gemahlener schwarzer Pfeffer
400 g Strauchtomaten	3 EL Olivenöl	1 TL Zucker
1 Salzzitrone	250 ml Weißwein	2 Zweige frischer Rosmarin
1 große Zwiebel	½ TL Paprikapulver	4 Zweige frischer Thymian
2 Knoblauchzehen	½ TL Currypulver	gemahlener Zimt
4 kleine Lammhaxen (ca. 1,2 kg)	½ TL gemahlener Kreuzkümmel	

Eine Glut aus Kohlen oder Briketts vorbereiten.

Kartoffeln schälen und in grobe Stücke schneiden. Tomaten waschen, vom Strunk befreien und vierteln. Salzzitrone vierteln, das Fruchtfleisch heraustrennen und die Zitronenschale in feine Streifen schneiden. Zwiebel schälen, halbieren und in Streifen schneiden. Knoblauchzehen schälen und fein hacken. Lammhaxen mit Salz würzen.

Den Dutch Oven in die heißen Kohlen stellen und Olivenöl hineingeben. Lammhaxen von beiden Seiten kurz anbraten. Zwiebeln, Knoblauch und Tomaten dazugeben, ebenfalls kurz anbraten und anschließend mit dem Weißwein ablöschen.

Kartoffeln, Bestandteile der Salzzitrone, Paprikapulver, Currypulver, Kreuzkümmel, Pfeffer, Zucker, Rosmarin, Thymian und 1 Prise Zimt in den Topf geben. Anschließend alle Zutaten mit Wasser bedecken.

Den Dutch Oven mit seinem Deckel verschließen. Die Hälfte der heißen Kohlen oder Briketts auf dem Deckel verteilen und die andere Hälfte darunter.

Die Lammhaxen ca. 40 Minuten weich kochen und gegebenenfalls nachwürzen.

Tipp
Lammhaxen in der Brühe mit dem Gemüse servieren und frischen Joghurt dazureichen.

4 Personen · Dutch Oven (Fassungsvermögen ca. 3 Liter)

DUTCH OVEN

HOKKAIDO-KÜRBIS

mit LAMMHACKFLEISCH, SCHAFSKÄSE *und* CURRY

1 Hokkaido-Kürbis	1 kleine Chilischote	150 g Schafskäse
1 Zwiebel	600 g Lammhackfleisch	1 EL Olivenöl
1 Knoblauchzehe	1 EL Currypulver	250 ml Weißwein
2-3 Zweige frischer Rosmarin	1 TL flüssiger Honig	1 TL Zucker
2 Zweige frischer Thymian	Salz	

Eine Glut aus Kohlen oder Briketts vorbereiten.

Den Deckel des Kürbises flach abschneiden und den Hokkaido aushöhlen. Die Zwiebel und den Knoblauch schälen und in feine Würfel schneiden. Den Rosmarin, den Thymian und die Chilischote fein hacken. Davon 1 EL Rosmarin beiseitelegen. Das Lammhackfleisch mit Currypulver, Honig und ausreichend Salz würzen. Den gehackten Rosmarin, den Thymian und die Chili zusammen mit der gewürfelten Zwiebel und dem Knoblauch unter das Hackfleisch mischen. Schafskäse grob zerbröckeln und unter die Hackfleischmasse heben.

Den Kürbis von innen mit dem Olivenöl bestreichen, leicht salzen und mit der Hackfleischmasse füllen. Den Weißwein mit 1 TL Salz und dem Zucker in den Dutch Oven füllen und den Kürbis hineingeben.

Den Dutch Oven mit seinem Deckel verschließen und ⅔ der Briketts oder Kohlen auf dem Deckel und ⅓ unter dem Topf verteilen. Den Kürbis etwa 1 Stunde weich garen. Zum Servieren den übrigen Rosmarin gleichmäßig über den Kürbis streuen.

4 Personen · Dutch Oven (Fassungsvermögen ca. 4 Liter)

GEFLÜGEL

Geflügelfleisch ist nicht nur aufgrund seines geringen Fettgehalts beim Grillen sehr beliebt, sondern auch wegen seiner vielfältigen Zubereitungsmöglichkeiten

CHICKEN WINGS

mit SESAM

Für die Glasur:	2 EL flüssiger Honig	1,2 kg Hähnchenflügel
6 EL Ketchup	1 EL Worcestersauce	Salz
1 TL Knoblauchgranulat	1–2 EL Sesam	1 Frühlingszwiebel
1 TL Salz	**Für das Fleisch:**	Saft von 1 Limette
1 TL frisch geriebener Ingwer	60 g Butter	**Außerdem:**
1 EL Reisessig	1 EL Pflanzenöl	1 Grillschale

Den Grill auf 180 °C indirekte Hitze vorbereiten.

Für die Glasur Ketchup, Knoblauch, Salz, Ingwer, Essig, Honig und Worcestersauce verrühren, beiseitestellen. Den Sesam in einer Pfanne anrösten, bis er leicht duftet.

Für die Hähnchenflügel Butter in einem Topf zerlassen, Pflanzenöl zufügen. Hähnchenflügel leicht salzen, auf den Grill legen und mit der flüssigen Butter bestreichen. Unter mehrfachem Wenden und Einpinseln insgesamt ca. 35 Minuten bei geschlossenem Deckel garen.

Anschließend das Fleisch in eine Grillschale legen, mit der Glasur mischen und nochmals ca. 5 Minuten auf den offenen Grill geben.

Zum Servieren die Frühlingszwiebel waschen, putzen und in Ringe schneiden. Die Hähnchenflügel mit Frühlingszwiebel und geröstetem Sesam bestreuen, mit ein wenig Limettensaft beträufeln.

4 Personen | Temperatur: 180 °C | indirekt bei geschlossenem und offenem Deckel

Das passt dazu

KÖLSCH

CRAFT BEER

CHARAKTER
teilweise angenehm blumig oder fruchtig, angenehm herb

4,6–5,1 Vol.-%

HÜHNCHEN

in WÜRZIGER MARINADE *vom* BRETT

Für das Fleisch:

1 Schwarzfederhuhn (ca. 1,2 kg)

1 TL flüssiger Honig

Für die Marinade:

1 Msp. Cayennepfeffer

½ TL edelsüßes Paprikapulver

½ TL geräuchertes Paprikapulver

Salz

frisch gemahlener schwarzer Pfeffer

1 TL Curry Delhi (Gewürzmischung)

1 EL Ketchup

4 EL Pflanzenöl

Für die Garnitur:

1 Bio-Zitrone

1 Bund frischer Rosmarin

1 Bund frischer Zitronenthymian

Außerdem:

unbehandeltes Buchenholzbrett

4 Nägel

Hammer

Das Buchenholzbrett, am besten über Nacht, in reichlich Wasser einweichen. Beschweren, damit es nicht aufsteigt!

Das Schwarzfederhuhn auf der Rückenseite mit einem Sägemesser oder einer Schere behutsam halbieren (auf der Brustseite zusammenlassen).

Cayennepfeffer, Paprikapulversorten, Salz, Pfeffer, Curry, Ketchup und Öl gut verrühren und das Hühnchen damit innen und außen massieren.

Die Zitrone heiß abwaschen und in 0,5 cm dicke Scheiben schneiden. Zusammen mit Rosmarin- und Thymianzweigen in Größe der Hähnchenfläche auf dem Brett verteilen. Das Hühnchen aufgeklappt mit der Hautseite nach oben darauflegen. Mit den Nägeln jeweils an den Ecken gestreckt auf das Brett nageln.

Das Brett auf den Grill legen und das Hühnchen bei geschlossenem Deckel ca. 35 Minuten indirekt bei ca. 160 °C garen.

Kurz bevor es fertig ist, das Hühnchen mit dem Honig einpinseln und anschließend ein paar weitere Minuten bei 180–200 °C fertig grillen.

Tipp
Mit Zedernholz als Unterlage bekommt man eine schöne Portion Aroma extra.

4 Personen | Temperatur: ca. 160 °C/180–200 °C | indirekt bei geschlossenem Deckel

FRUCHTIGE CHICKEN-SPIESSE

mit NEKTARINE *und* SWEET-CHILI-SAUCE

Für die Sweet-Chili-Sauce:

2 Chilischoten

2 Knoblauchzehen

1 TL frisch geriebener Ingwer

120 ml Reisessig (oder heller Aceto balsamico)

180 g brauner Zucker

1 TL Ajvar

1 TL Salz

1 TL Speisestärke

Für die Spieße:

4 Hähnchenbrustfilets (je ca. 150 g)

2–3 Nektarinen

8 Pimientos

8 Stiele frisches Zitronengras

Pflanzenöl

Salz

1 EL gehacktes Koriandergrün

Saft von 1 Limette

Für die Sweet-Chili-Sauce Chilischoten fein hacken, Knoblauch schälen und durch eine Presse drücken. Mit dem Ingwer in einen Topf geben und mischen. Reisessig, Zucker, Paprikapaste und Salz zufügen und unter Rühren erhitzen, bis der Zucker sich vollständig aufgelöst hat. Speisestärke in 2 EL warmem Wasser auflösen und unter die Sauce rühren, nochmals kurz aufkochen, umfüllen und auskühlen lassen.

Den Grill auf 200 °C indirekte Hitze vorbereiten.

Hähnchenbrustfilets abspülen, trocken tupfen und in mundgerechte Stücke schneiden.

Nektarinen waschen, halbieren, entsteinen und ebenfalls in mundgerechte Stücke schneiden. Pimientos waschen, die Stielansätze herausschneiden. Hähnchen, Nektarinen und jeweils 1 Pimiento auf die Zitronengrasstängel spießen, mit Pflanzenöl bestreichen und leicht salzen.

Die Spieße auf den Grillrost legen und von beiden Seiten je ca. 5 Minuten grillen. Kurz vor Ende der Grillzeit mit der Sweet-Chili-Sauce bestreichen, nochmals wenden und einige Minuten weitergrillen.

Zum Servieren mit fein gehacktem Koriandergrün bestreuen und mit Limettensaft beträufeln. Die restliche Sauce zum Dippen dazu servieren.

Tipp
Übrig gebliebene Sauce in einer verschließbaren Flasche kühl aufbewahren.

4 Personen | Temperatur: 200 °C | indirekt bei geschlossenem und offenem Deckel

Das passt dazu
WEISSBIER + CASCADE
CRAFT BEER
CHARAKTER
weizen- und hopfen-
aromatisch, fruchtig,
frische Hefenote,
Citrusaroma
4,0–5,5 Vol.-%

DRUMSTICKS

in ZITRONENBUTTER

16–20 Hähnchenunterschenkel	2 TL abgeriebene Schale von 1 Bio-Zitrone	**Außerdem:**
100 g Butter	2 EL Pflanzenöl	1 Grillschale
1 Knoblauchzehe	½ TL Salz	

Den Grill auf 160 °C indirekte Hitze vorbereiten.

Hähnchenschenkel waschen und gut trocken tupfen. Die Haut mit den Fingern ganz nach unten ziehen und um das Gelenk wickeln. Die Butter zerlassen. Knoblauch schälen und durch eine Presse drücken. Mit Zitronenschale, Pflanzenöl und Salz zur Butter geben.

Hähnchenschenkel auf den Rost oder in eine Grillschale legen und bei geschlossenem Deckel einige Minuten angrillen. Dann alle paar Minuten mit der flüssigen Zitronenbutter bestreichen und weitergrillen, bis sich nach ca. 40 Minuten das Hähnchenfleisch vom Knochen zu lösen beginnt. Dann sind die Schenkel fertig und können serviert werden.

Tipp
Den Topf mit der Zitronenbutter zum Warmhalten auf den geschlossenen Grilldeckel stellen.

4 Personen | Temperatur: 160 °C | indirekt bei geschlossenem Deckel

Das passt dazu
LEICHTES WEISSBIER/
WEIZENSCHANKBIER

CRAFT BEER

CHARAKTER
spritzig,
hefearomatisch

2,5–3,5 Vol.-%

SATÉ-SPIESSE

in EXOTISCHER CURRY-MARINADE

- 600 g Hähnchenbrustfilet
- 2 TL Koriandersamen
- 40 g frisch geriebener Ingwer
- 1 EL Currypaste
- 4 EL Kokosmilch
- 2 EL Hoisin-Sauce
- 2 EL helle Sojasauce
- 1 EL Sesam

Außerdem:

- 12 Holz- oder Metallspieße

Holzspieße mindestens 1 Stunde wässern.

Hähnchenbrustfilet waschen, trocken tupfen und längsseitig in Streifen schneiden.

Für die Marinade Koriandersamen mörsern, mit Ingwer und der Currypaste vermengen, dann mit Kokosmilch, Hoisin- und Sojasauce zu einer Marinade verrühren. Die Fleischstreifen mit der Marinade überziehen und mindestens 1 Stunde abgedeckt ruhen lassen. Sesam in einer Pfanne ohne Fett anrösten, bis er duftet.

Den Grill sowohl auf 160 °C direkte als auch indirekte Hitze vorbereiten.

Die Fleischstreifen aus der Marinade nehmen und wellenförmig auf die Spieße stecken. Anschließend ca. 6 Minuten erst direkt, dann indirekt grillen.

Zum Servieren mit geröstetem Sesam bestreuen.

Tipp
Saté-Spieße bieten sich ideal als Topping für eine Salat-Bowl an.

4 Personen | Temperatur: 160 °C | direkt und indirekt bei geschlossenem und offenem Deckel

Das passt dazu

PILS

CRAFT BEER

CHARAKTER
ausgeprägte, feinherbe Hopfenbittere, schlank

4,0–5,5 Vol.-%

BEER BUTT CHICKEN

in SCHARFER CHILI-MARINADE

1 Chilischote 1 Knoblauchzehe 1 walnussgroßes Stück Ingwer 1 Stiel Zitronengras abgeriebene Schale von 1 Bio-Orange	abgeriebene Schale von 1 Bio-Zitrone 2 EL Pflanzenöl 1 Msp. gemahlene Nelke 1 Msp. gemahlener Zimt Salz	frisch gemahlener schwarzer Pfeffer 1 ganzes Hähnchen (1–1,4 kg) **Außerdem:** 1 Dose Ginger Beer frischer Thymian

Für die Marinade die Chilischote in Ringe schneiden. Die Knoblauchzehe und den Ingwer schälen und ebenso wie das Zitronengras fein hacken. Chili, Knoblauch, Ingwer und Zitronengras gut mit den restlichen Zutaten für die Marinade verrühren.

Das Hähnchen komplett mit der Marinade einreiben und anschließend salzen.

Den Grill auf 180–200 °C indirekte Hitze vorbereiten.

Die Bierdose öffnen und ein Viertel davon abgießen. Dann das Hähnchen mit der vorhandenen Öffnung über die Dose stülpen. Das Ganze auf den Grillrost stellen und bei geschlossenem Deckel ca. 40 Minuten indirekt garen.

Das Hähnchen behutsam von der Dose nehmen, tranchieren und, mit Thymian garniert, anrichten.

4 Personen | Temperatur: 180–200 °C | indirekt bei geschlossenem Deckel

MAISHÄHNCHENBRÜSTE

in TOMATEN-KRÄUTER-MARINADE

Für das Fleisch:

4 Maishähnchenbrüste (je 150–180 g)

80 g Honig-Rucola-Butter (siehe Seite 304)

Für die Marinade:

1 Chilischote

1 Knoblauchzehe

1 Zweig Rosmarin

3 Zweige frischer Thymian

1 EL Sesamöl

abgeriebe Schale von 2 Bio-Zitronen

Salz

frisch gemahlener schwarzer Pfeffer

1 Gemüsezwiebel

8 halbgetrocknete Tomaten (aus dem Glas)

Außerdem:

gusseiserne Pfanne

Behutsam die Haut der Hähnchen hochklappen und jeweils 20 g Honig-Rucola-Butter zwischen Haut und Fleisch drücken.

Für die Marinade die Chilischote fein hacken. Knoblauch schälen und wie den Rosmarin fein hacken. Den Thymian klein zupfen. Die vorbereiteten Zutaten zusammen mit Sesamöl und Zitronenschale in eine Schüssel geben und gut verrühren. Mit Salz und Pfeffer abschmecken. Die Hähnchenbrüste behutsam mit der Marinade einreiben.

Den Grill auf 200 °C indirekte Hitze vorbereiten.

Die Hähnchenbrüste mit der Hautseite nach oben in eine Pfanne legen. Die Gemüsezwiebel schälen, in grobe Spalten schneiden und zusammen mit den Tomaten ebenfalls in die Pfanne zwischen das Hühnchen setzen. Die Pfanne auf den Grillrost stellen. Bei geschlossenem Deckel ca. 20 Minuten indirekt grillen.

4 Personen | Temperatur: ca. 200 °C | indirekt bei geschlossenem Deckel

TANDOORI CHICKEN

mit GARAM MASALA

800 g Hähnchenbrustfilet 4 Knoblauchzehen 2 TL frisch geriebener Ingwer Saft von 1 Limette 2 EL flüssiger Honig 1 kleines Bund Koriandergrün	200 g Naturjoghurt 1 Msp. gemahlener Zimt 1 TL gemahlene Kurkuma 1 TL gemahlener Koriander 1 EL Garam Masala (Gewürzmischung)	Salz frische Salatblätter Naan-Brot oder Baguette **Außerdem:** 1 Gussplatte oder feuerfeste Pfanne

Die Hähnchenbrust in grobe Stücke schneiden und beiseitelegen.

Für die Marinade den Knoblauch schälen und durch eine Presse in eine Schüssel geben. Ingwer, Limettensaft und Honig unterrühren. Das Koriandergrün abspülen, trocken schütteln, Korianderblätter abzupfen und fein hacken. Joghurt, Zimt, Kurkuma, Koriander, Garam Masala und Salz zugeben und gut mischen.

Hähnchenbruststücke mit der Marinade vermengen und über Nacht abgedeckt in den Kühlschrank stellen.

Den Grill auf 250 °C vorbereiten und eine gusseiserne Platte oder eine feuerfeste Pfanne auf den Rost legen.

Kleine Schiffchen aus Alufolie formen, die marinierten Hähnchenbruststücke hineingeben und offen auf die Gussplatte legen. Den Grilldeckel schließen und ca. 20 Minuten grillen, bis das Fleisch leicht bräunt.

Das Fleisch mit Salat und frischer Zitrone servieren.

4 Personen | Temperatur: 250 °C | indirekt bei geschlossenem Deckel

Das passt dazu
KRISTALLWEIZEN
CRAFT BEER
CHARAKTER
weizenaromatisch, teilweise angenehm blumig oder fruchtig
4,5–5,5 Vol.-%

SOUS VIDE

BLACK PEPPER CHICKEN

mit ZITRONENGRAS

Für das Fleisch: 4 Hähnchenbrustfilets (jeweils ca. 3,5 cm dick) 3 Stiele Zitronengras 2 Knoblauchzehen 1 Bund Koriandergrün	75 ml helle Sojasauce 2 EL Fischsauce 30 g Palmzucker 40 g schwarze Pfefferkörner 1 EL Korianderkörner ½ TL Salz	**Für die Garnitur:** 1 Bund Koriandergrün 2 frische rote Peperoni Limetten (nach Belieben) Röstzwiebeln (Fertigprodukt)

Die Hähnchenbrustfilets waschen und trocken tupfen. Das Zitronengras putzen, dabei 2–3 harte Blätter entfernen. Den Knoblauch schälen. Das Koriandergrün waschen und trocken tupfen. Zitronengras, Knoblauch, Koriandergrün samt Stielen, Soja- und Fischsauce, Palmzucker, Pfeffer- und Korianderkörnern und Salz in einen Standmixer geben und pürieren, bis eine pestoähnliche Konsistenz entsteht.

Den Gewürzmix mit den Hähnchenbrustfilets in einem Vakuumbeutel vakuumieren oder in einen Ziplock-Beutel geben. Im Wasserbad bei 60 °C 1 Stunde garen.

Inzwischen das Koriandergrün waschen, trocken schütteln und die Blättchen abzupfen. Die Peperoni waschen, putzen und in feine Ringe schneiden. Die Limetten heiß waschen und in Spalten schneiden.

Den Grill auf 200 °C direkte Hitze vorbereiten.

Die Hähnchenbrustfilets aus dem Beutel nehmen und auf den Grill legen. Ein paar Minuten unter Wenden anrösten. Es darf etwas schwarz werden, damit das typische Aroma entsteht. Mit Koriandergrün, Peperoni, Röstzwiebeln bestreuen und nach Belieben mit Limettenspalten garniert servieren.

Tipp

Dazu passen Jasminreis und süß-saurer Gemüsesalat. Dazu Koriandergrün, Limettensaft, Fischsauce, Chilipulver sowie Erdnussöl gut vermischen und Gurkenscheiben, Tomaten, Sojasprossen sowie blanchierte grüne Bohnen darin ziehen lassen.

4 Personen | Temperatur: 200 °C | direkt bei offenem Deckel

ENTE-ORANGE

mit VANILLE-RUB *und* ORANGENGLASUR

Für den Rub:	Für die Glasur:	Für die Orangensauce:
1 EL schwarze Pfefferkörner	4 EL Ahornsirup	2 Orangen
1 TL Korianderkörner	1 EL brauner Zucker	1 TL Salz
1 TL gemahlene Vanilleschote	1 TL Knoblauchgranulat	1 Msp. Piment d´Espelette oder eine andere milde Chilisorte
1 EL brauner Zucker	1 TL Salz	1 EL brauner Zucker
1 TL Salz	2 EL helle Sojasauce	1 Zweig frischer Thymian
1 TL abgeriebene Schale von 1 Bio-Orange	6 EL Orangenlikör	4 Entenbrustfilets
		Pflanzenöl

Die Zutaten für den Rub mörsern und beiseitestellen. Entenbrustfilets auf der Hautseite mehrfach quer mit einem scharfen Messer einritzen und gründlich mit dem Rub einreiben, abgedeckt 30 Minuten ruhen lassen.

Für die Glasur alle Zutaten gründlich mischen.

Für die Orangensauce die Orangen schälen, die weiße Haut dabei mit entfernen. Anschließend die Orangen filetieren, in einen Topf geben. Salz, Piment d´Espelette, braunen Zucker und abgezupfte Thymianblätter zufügen. Erst kurz aufkochen, dann etwas einköcheln lassen, bis die Sauce leicht andickt. Beiseitestellen und eine Weile ziehen lassen.

Den Grill sowohl auf 180 °C direkte als auch indirekte Hitze vorbereiten.

Entenbrustfilets dünn mit Pflanzenöl bestreichen und von beiden Seiten je 3 Minuten angrillen. Anschließend in die indirekte Zone legen, mit der Glasur bestreichen und weitere 10 Minuten bei geschlossenem Grilldeckel gar ziehen lassen (ein- bis zweimal wiederholen). Die Kerntemperatur sollte 65 °C am besten nicht überschreiten.

Das fertig gegarte Fleisch in Alufolie wickeln und etwa 5 Minuten ruhen lassen. Orangensauce nochmals erhitzen. Die Entenbrustfilets in Tranchen schneiden und mit der Sauce servieren.

4 Personen | Temperatur: ca. 180 °C | direkt und indirekt bei offenem und geschlossenem Deckel

Das passt dazu
BERLINER WEISSE
CRAFT BEER
CHARAKTER
blumig, angenehm säuerlich, fruchtaromatisch
2–3 (2,7–2,8) Vol.-%

SOUS VIDE

ENTENBRUSTPASTRAMI

mit FEIGEN-KORIANDER-SALAT

Für die Pastrami: 1 kleine Zwiebel 2 Knoblauchzehen 1 TL Pökelsalz (vom Metzger) 1 EL Korianderkörner 1 TL Senfkörner 1 Lorbeerblatt 3 Wacholderbeeren	80 ml Ahornsirup 2 Entenbrüste (je ca. 240 g, ohne Haut) Salz **Für den Salat:** 4 reife Feigen 4 Scheiben Sauerteigbrot Olivenöl zum Bestreichen	4 EL Dijonnaise (Fertigprodukt, siehe Tipp) ½ Bund frisches Koriandergrün 100 g Sauerampfer (alternativ Portulak oder Feldsalat) 1 EL Apfelessig 4 EL Olivenöl

Für die Pastrami Zwiebel und Knoblauch schälen. Mit Pökelsalz, Koriander- und Senfkörnern, Lorbeerblatt, Wacholderbeeren, 60 ml Ahornsirup und 180 ml Wasser mit einem Stabmixer fein pürieren. Mit den Entenbrüsten in einen Ziplock-Beutel geben, mit den Fingern von außen gleichmäßig auf das Fleisch verteilen und für 3–4 Stunden marinieren.

Das Fleisch aus der Marinade nehmen, auf Küchenpapier abtropfen lassen und in einem Vakuumbeutel vakuumieren oder in einen Ziplock-Beutel geben. Im Wasserbad bei 62 °C 45 Minuten garen.

Den Grill auf 180 °C direkte Hitze vorbereiten.

Für den Salat die Feigen abreiben und in dünne Spalten schneiden. Die Brotscheiben dünn mit Olivenöl bestreichen bei geöffnetem Deckel von beiden Seiten ohne Fett rösten. Etwas abkühlen lassen und mit Dijonnaise bestreichen. Das Koriandergrün waschen, trocken schütteln und die Blättchen abzupfen. Den Sauerampfer waschen und trocken schütteln. Den Apfelessig mit 2 EL Olivenöl und dem restlichen Ahornsirup verrühren. Die Feigenspalten, die Korianderblätter und den Sauerampfer mit dem Dressing anmachen.

Den Grill auf 220 °C direkte Hitze vorbereiten.

Die Entenbrüste aus dem Beutel nehmen, trocken tupfen und mit etwas Salz würzen. Ohne Deckel von jeder Seite 1 knappe Minute grillen. Entenbrüste in dünne Scheiben schneiden und mit dem Salat auf den Brotscheiben anrichten.

Tipp
Als Ersatz für das fertige Produkt Dijonnaise etwas groben Senf mit nicht ganz derseselben Menge Mayonnaise verrühren.

4 Personen | 180/220 °C | direkt bei offenem Deckel

PASTA VENEZIA

mit gegrillter PUTENLEBER

Für das Pesto:	Für die Butter-Marinade:	Für die Putenleber:
1 kleines Bund Salbei	50 g Butter	500 g Putenleber
1 Knoblauchzehe	2 EL Pflanzenöl	400 g frische Pasta (z. B. Tagliatelle)
100 g Walnusskerne	1 EL Aceto balsamico	100 g kernlose, halbierte rote Trauben
60 g frisch geriebener Parmesan	Salz	**Außerdem:**
150 ml Olivenöl	frisch gemahlener Pfeffer	1 Grillschale oder Grillplatte
1 TL abgeriebene Schale von 1 Bio-Zitrone	2 rote Zwiebeln	
Salz		
frisch gemahlener Pfeffer		

Für das Pesto den Salbei waschen, trocken schütteln, die Blätter abzupfen und grob hacken. Knoblauch schälen und grob hacken. Mit den Walnusskernen mörsern, dann mit Parmesan, Olivenöl und der Zitronenschale zu einer Paste verarbeiten. Mit Salz und Pfeffer abschmecken.

Den Grill auf 180 °C direkte Hitze vorbereiten.

Für die Marinade die Butter in einem Topf zerlassen, Pflanzenöl und Aceto balsamico zufügen, leicht salzen und pfeffern, warm halten. Die Zwiebeln schälen und in Ringe schneiden. Mit der warmen Butter-Marinade vermengen, etwas für die Putenleber zurückbehalten.

Putenleber waschen und trocken tupfen, mit der restlichen Butter-Marinade bestreichen. Leber und Zwiebeln nebeneinander in eine Grillschale oder auf eine Grillplatte legen und 10 Minuten grillen. Leber und Zwiebeln zwischendurch wenden, die Zwiebeln etwas bewegen. In der Zwischenzeit Pasta nach Packungsangabe al dente kochen.

Zum Servieren die Leber tranchieren, mit den Zwiebeln und halbierten Weintrauben zu den Nudeln geben und mit dem Pesto überziehen.

4 Personen | Temperatur: 180 °C | direkt bei offenem und geschlossenem Deckel

Das passt dazu
WEISSBIER + CASCADE
CRAFT BEER
CHARAKTER
weizen- und hopfenaromatisch, fruchtig, frische Hefenote, Citrusaroma
4,0–5,5 Vol.-%

FISCH
& MEERESFRÜCHTE

Fisch und Meeresfrüchte liefern nicht nur wertvolle Nährstoffe, sondern werden durch Marinaden und mäßige Hitze zu einem wahren Genuss frisch vom Feuer

STECKERLFISCH

mit AROMATISCHEM KRÄUTER-RUB

2 EL frischer, gehackter Thymian 2 EL frischer, gehackter Rosmarin 2 TL Fenchelsamen 2 TL Knoblauchgranulat 2 TL Piment d´Espelette oder eine andere milde Chilisorte	3 TL Rauchsalz 2 TL Pfefferkörner 2 TL abgeriebene Schale von 1 Bio-Zitrone 100 ml Sonnenblumenöl 4 küchenfertige Fische (z. B. Saibling, Makrele)	**Außerdem:** 4 Holzstöcke (»Steckerl«, ca. 60 cm, z. B. vom Weiden- oder Nussbaum, alternativ können auch breitere Metallspieße verwendet werden)

Für den Rub Kräuter, Gewürze und die Zitronenschale mörsern. 1 EL Rub abnehmen und das Sonnenblumenöl damit würzen, dann beiseitestellen.

Die Haut der küchenfertigen Fische leicht einritzen und mit dem Rub innen und außen einreiben. 2 Stunden, am besten über Nacht, abgedeckt ruhen lassen, damit die Aromen in den Fisch ziehen können.

Den Grill auf 180 °C indirekte Hitze vorbereiten.

Die »Steckerl« durch das Maul der Fische bis durch das Schwanzende schieben. Einen Abstandshalter auf dem Grillrost platzieren (entweder aus dem Zubehörhandel oder zwei gefaltete Grillschalen verwenden) und die Fische auflegen.

Während der Grillzeit von insgesamt ca. 20 Minuten mit aufgelegtem Deckel die Fische immer wieder mit dem Würzöl bestreichen und wenden.

Tipp
Der Fisch kann ebenso gut unter Verwendung einer Fischzange zubereitet werden.

4 Personen | Temperatur: 180 °C | indirekt bei geschlossenem Deckel

Das passt dazu
ALT
CRAFT BEER
CHARAKTER
angenehm bitter,
herzhaft,
auch rustikal
4,8–5,0 Vol.-%

PULLED LACHS

auf FENCHELBETT *und* RÖSTBROT

Für die Marinade:

1 kleines Bund frischer Estragon

1 kleines Bund frische Petersilie

1 kleine Chilischote

1 kleine Frühlingszwiebel

100 ml Olivenöl

1 EL Dijonsenf

1 EL helle Sojasauce

1 EL Pernod (Anisschnaps)

Salz

frisch gemahlener Pfeffer

Für das Fenchelbett:

1 Fenchelknolle

Für den Fisch:

1 Lachsseite mit Haut (600–800 g)

4 Brotscheiben oder Burger-Brötchen

100 g würzige Pflücksalatmischung (küchenfertig)

Außerdem:

1 Holzplanke (z. B. von der Zeder)

Für die Marinade die Kräuter waschen, trocken schütteln, Blätter abzupfen und fein hacken. Die Chilischote klein schneiden. Die Frühlingszwiebel waschen, putzen und ebenfalls klein hacken. Mit den restlichen Marinade-Zutaten vermischen, abschmecken und ziehen lassen.

Fenchel putzen, den Strunk entfernen, waschen und in feine Scheiben schneiden. Mit etwas Marinade bestreichen und ziehen lassen.

Den Grill sowohl auf 150 °C direkte als auch indirekte Hitze vorbereiten.

Die Holzplanke kurz in die direkte Zone legen, bis sie raucht, dann in die indirekte Zone rücken. Lachs mit der Hautseite nach unten auf die Planke legen und mit etwas Marinade bestreichen. Bei geschlossenem Deckel ca. 25 Minuten grillen.

Während des Grillvorgangs die marinierten Fenchelscheiben und Brotscheiben oder Burger-Brötchen in der direkten Zone des Grills leicht knusprig bräunen.

Den fertig gegarten Lachs von der Haut befreien, in eine Auflaufform oder ein tiefes Backblech legen und mit zwei Gabeln in grobe Stücke zupfen. Den Pflücksalat mit der restlichen Marinade gut vermischen und unter die Lachsstücke mischen.

Brotscheiben mit dem gegrillten Fenchel und der Lachs-Salat-Mischung großzügig belegen. Noch leicht warm servieren.

Tipp
Es eignen sich auch andere Fische für die Zubereitung, z. B. Seelachs, Lachsforelle oder Kabeljau.

4 Personen | Temperatur: 150 °C | direkt und indirekt bei geschlossenem Deckel

Das passt dazu
KÖLSCH
CRAFT BEER
CHARAKTER
teilweise angenehm blumig oder fruchtig, angenehm herb
4,6–5,1 Vol.-%

SOUS VIDE

BURNED MISO-LACHS

mit EDAMAME

Für die Edamame:

300 g geschälte und aufgetaute TK-Edamame (Asien- oder Bioladen)

Salz

Für die Sauce:

80 g kalte Butter in Stückchen

2 EL helle Miso-Paste

1 EL Sesamöl

120 ml Geflügelbrühe

1–2 EL Limettensaft

1 TL fein geriebener Ingwer

Für den Fisch:

4 Lachsfilets mit Haut (je 200 g)

Olivenöl

Salz

Zucker

Für die Garnitur:

2 EL gehacktes Koriandergrün

2 EL Frühlingszwiebelringe

2 EL Röstzwiebeln (Fertigprodukt)

Außerdem:

Fischkorb

kleine Kasserolle

Den Grill auf 170 °C direkte Hitze vorbereiten.

Die Edamame in kochendes Salzwasser geben und 5 Minuten garen. Abgießen und abtropfen lassen. Alle Zutaten für die Sauce gut verrühren. In einer kleinen grilltauglichen Kasserolle einmal aufkochen.

Die Lachsfilets waschen und trocken tupfen. Gut mit Olivenöl bestreichen. Salz und Zucker im Verhältnis 1:4 mischen und die Filets damit kräftig würzen. Den Lachs 10–15 Minuten ruhen lassen.

Anschließend den Lachs in einen Fischkorb klemmen und, je nach Dicke des Fisches, bei direkter Hitze und ohne Deckel garen (Filet 2,5 cm dick etwa 10 Minuten, Filet 4 cm dick etwa 10–15 Minuten und Filet 5–6 cm dick etwa 15–20 Minuten).

Die Sauce in der Kasserolle auf dem Grill noch einmal kurz erhitzen. Fisch auf Teller geben und die Sauce auf den Fisch löffeln. MIt Edamame, Koriandergrün, Frühlingszwiebelringen und Röstzwiebeln garnieren.

4 Personen | Temperatur: 170 °C | direkt bei offenem Deckel

DORADE

à la MEDITERRAN SPEZIAL

300 g mehligkochende Kartoffeln Salz 4 ausgenommene Doraden (je ca. 300 g) 1 Knoblauchzehe 1 Chilischote	100 g schwarze Oliven ohne Stein 8 Zweige frischer Thymian 8 EL Olivenöl Saft und abgeriebene Schale von 1 Bio-Zitrone	frisch gemahlener schwarzer Pfeffer **Außerdem:** großer Edelstahl-Fischkorb

Die Kartoffeln schälen und in Salzwasser weich kochen. Das Wasser abgießen und die Kartoffeln zu einem feinen Püree stampfen.

Die Doraden auf der Haut zwei- bis dreimal einschneiden und kräftig mit Salz würzen.

Die Knoblauchzehe schälen, fein hacken und in einer Pfanne ohne Öl anrösten. Die Chilischote ebenfalls fein hacken, die Oliven in Scheiben schneiden und den Thymian klein zupfen.

Olivenöl, Knoblauch, Chili, die Hälfte des Thymians, abgeriebene Schale und Saft der Zitrone und die Oliven unter das Püree heben. Die Doraden anschließend mit der zubereiteten Masse füllen.

Den Grill auf 220 °C direkte Hitze vorbereiten.

Die gefüllten Fische in den Fischkorb geben und von jeder Seite 5–6 Minuten bei geschlossenem Deckel grillen.

Doraden auf Tellern anrichten, gut pfeffern, und mit dem restlichen Thymian bestreuen und Olivenöl beträufeln.

Tipp
Als Beilage bietet sich beispielsweise ein frischer Kopfsalat mit Sauerrahmdressing an.

4 Personen | Temperatur: 220 °C | indirekt bei geschlossenem Deckel

WOLFSBARSCH

nach MEIKONG-ART

Für die Marinade:

3 Knoblauchzehen

1 Schalotte

1 Chilischote

2 Stängel frisches Koriandergrün

2 Stängel frisches Zitronengras

2 EL Korianderkörner

1 Msp. gemahlener Kreuzkümmel

50 ml Pflanzenöl

700–800 g geschuppter und ausgenommener Wolfsbarsch

2 walnussgroße Stücke Ingwer

1 Zitrone

Außerdem:

großer Edelstahl-Fischkorb

Den Knoblauch und die Schalotte schälen und beides fein hacken. Die Chilischote in Ringe schneiden und die Korianderblätter klein zupfen. Einige Blätter und ein paar Chiliringe zum Garnieren beiseite legen. Die restlichen vorbereiteten Zutaten zusammen mit 1 Stängel Zitronengras, Koriandersamen, Kreuzkümmel und Pflanzenöl in den Mörser geben und zu einer Marinade verarbeiten.

Den Fisch auf jeder Seite fünfmal schräg bis zur Gräte einschneiden. Den Ingwer schälen, in 10 Scheiben schneiden und den Fisch damit spicken.

Den Fisch rundherum und innen mit der Marinade großzügig einpinseln.

Den Grill auf 180 °C direkte Hitze vorbereiten.

Den Fisch mit einer angeschlagenen Stange Zitronengras fixieren und in einen Fischkorb klemmen. Bei geschlossenem Deckel von jeder Seite ca. 4 Minuten grillen. Den Fisch aus dem Korb nehmen und auf einem Teller mit dem Koriandergrün und den Chiliringen anrichten. Dazu ein paar Zitronenspalten zum Beträufeln servieren.

4 Personen | Temperatur: ca. 180 °C | direkt bei geschlossenem Deckel

GEDÄMPFTE FORELLE

auf ASIATISCHE ART

Für die Marinade: 100 g Butter 20 g frisch geriebener Ingwer 2 TL frisches Koriandergrün 2 kleine Chilischoten	½ TL Knoblauchgranulat Saft von 1 Limette **Für den Fisch:** 4 Forellen (küchenfertig) Salz	50 g in Scheiben geschnittener Ingwer bzw. Limette **Außerdem:** Alufolie

Den Grill auf 160 °C indirekte Hitze vorbereiten.

Für die Marinade Butter in einem Topf zerlassen, Ingwer zufügen und bis kurz vor dem Siedepunkt erhitzen. Topf vom Herd ziehen, etwas abkühlen lassen, dann Koriander waschen, trochen tupfen und fein hacken. Chilischeiben ebenfals fein hacken und beides zusammen mit dem Knoblauchgranulat und dem Limettensaft in die Ingwer-Butter mischen und gut verrühren.

Für die Fische 4 Aluschiffchen vorbereiten.

Die Haut der Fische einschneiden, innen und außen leicht salzen, mit der Butter-Marinade einstreichen und in die Schiffchen legen. Die Bauchhöhle und die Hauteinschnitte mit Ingwer- bzw. Limettenscheiben spicken, dann die Folienschiffchen sorgfältig verschließen.

Forellen für ca. 30 Minuten bei geschlossenem Deckel auf den Rost legen.

Tipp
Dazu empfiehlt sich der Quinoa-Edamama-Salat (siehe Seite 296).

4 Personen | Temperatur: 160 °C | indirekt bei geschlossenem Deckel

Das passt dazu
KRISTALLWEIZEN
CRAFT BEER
CHARAKTER
weizenaromatisch, teilweise angenehm blumig oder fruchtig
4,5–5,5 Vol.-%

DUTCH OVEN

SARDINEN

in Tomatensauce

1 kg frische Sardinen (TK-Ware)	1 Bund frische Petersilie	2 Lorbeerblätter
3 große Zwiebeln	6 EL Olivenöl	frisch gemahlener schwarzer Pfeffer
2 Knoblauchzehen	250 ml Weißwein	2 TL Zucker
1 Zweig frischer Rosmarin	1 Dose geschälte Tomaten (ca. 500 g Füllgewicht)	Salz
1 Zweig frischer Thymian		

Eine Glut aus Kohlen oder Briketts vorbereiten.

Die Sardinen ausnehmen und abwaschen.

Die Zwiebeln schälen und würfeln. Die Knoblauchzehen schälen und ebenso wie den Rosmarin, den Thymian und die gewaschene Petersilie fein hacken.

Den Dutch Oven in die heißen Kohlen stellen und das Olivenöl hineingeben. Zwiebeln und Knoblauch in Olivenöl anbraten und mit Weißwein ablöschen. Die geschälten Tomaten, Rosmarin, Thymian, Lorbeerblätter, 1 Prise Pfeffer, Zucker und 1 TL Salz dazugeben.

Den Deckel des Dutch Oven schließen und ⅓ der heißen Briketts oder Kohlen auf dem Deckel verteilen. Die restlichen ⅔ unter dem Topf platzieren und die Tomatensauce 20 Minuten kochen lassen.

Die Sardinen etwas salzen und nach etwa 20 Minuten in die Tomatensauce legen.

Den Deckel des Dutch Oven wieder verschließen und die heißen Briketts oder Kohlen wie folgt umverteilen: ⅔ auf dem Deckel und ⅓ unter dem Topf verteilen. Die Sardinen ca. 10 Minuten garen und mit der Tomatensauce und der frischen Petersilie servieren.

Tipp
Das Ausnehmen der Sardinen ist nicht zwingend notwendig. Wenn sie gut durchgegart sind, fallen die Innereien kaum auf – für viele Fischfreunde gehören sie mit dazu.

4 Personen Dutch Oven (Fassungsvermögen ca. 2–3 Liter)

HAMACHI-MAKRELE

mit MISO-MARINADE *und* CHILI-RETTICH

Für den Fisch:

2 Königsmakrelenfilets (2 x 400 g) mit Haut

100 g Miso-Paste

100 ml Mirin (Reiswein)

Meersalz

1 Bio-Zitrone

rohe Zwiebelringe (nach Belieben)

Für den Chili-Rettich:

1 Stück Rettich (ca. 15 cm lang)

1 Chilischote

Außerdem:

1 großer Edelstahl-Fischkorb

In die Haut der Makrelenfilets ein X einschneiden. Miso-Paste und Mirin gut verrühren und in den Fisch gleichmäßig einmassieren.

Für den Chili-Rettich den Rettich schälen, zu drei Vierteln hochkant einritzen und die Chilischote hineinstecken. Den gespickten Rettich nun mit einer Reibe reiben.

Den Grill auf 180 °C direkte Hitze vorbereiten.

Die Makrele mit der Hautseite nach unten in den Fischkorb legen und den Korb verschließen und ca. 7 Minuten auf der Hautseite abwechselnd bei offenem und geschlossenem Deckel grillen.

Den Deckel des Grills öffnen, den Fischkorb wenden und die Makrele bei geöffnetem Deckel 1 Minute auch von dieser Seite grillen.

Den Fisch aus dem Korb nehmen, mit Meersalz würzen und zusammen mit Chili-Rettich, Zitronenspalten und eventuell rohen Zwiebelringen servieren.

4 Personen | Temperatur: ca. 180 °C | direkt bei offenem und geschlossenem Deckel

THUNFISCH-TATAKI

mit WASABI-ZWIEBEL-MARMELADE

Für die Wasabi-Zwiebel-Marmelade: 4 Schalotten 1 Knoblauchzehe 1 Lauchzwiebel	1 rote Paprika 400 g Thunfischloins (in Sashimi-Qualität) Salz 120 ml Olivenöl	60 g Zucker 40 g Wasabi-Paste Sojasauce **Außerdem:** 1 gusseiserne Pfanne

Schalotten und Knoblauch schälen und in feine Streifen schneiden. Lauchzwiebel und Paprika waschen und ebenfalls in feine Streifen schneiden.

Den Grill auf 240 °C direkte Hitze vorbereiten.

Die Thunfischloins salzen und von jeder Seite ca. 20 Sekunden grillen.

Loins in 5 mm dicke Scheiben schneiden. Olivenöl in eine Pfanne geben und diese auf den Grill stellen. Darin Schalotten, Knoblauch und Zucker karamellisieren lassen, Wasabi hinzugeben und mit einem Schuss Sojasauce ablöschen. Die Pfanne vom Grill nehmen.

Die Thunfisch-Scheiben auf einem Teller schön anrichten, die Wasabi-Zwiebel-Marmelade daraufgeben und mit den Lauchzwiebel- und Paprikastreifen garnieren.

4 Personen | Temperatur: ca. 240 °C | direkt bei offenem Deckel

AUSTERN

in KRÄUTERBUTTER-SAUCE

Für die Kräuterbutter-Sauce: 1 kleines Bund frische glatte Petersilie 200 g weiche Butter	1 TL abgeriebene Schale von 1 Bio-Zitrone 2 Spritzer Tabasco-Sauce	24 Austern (z. B. pazifische Felsenauster) frisch geraspelter Pecorino (nach Belieben)

Die Petersilie waschen, trocken schütteln, Blätter von den Stängeln zupfen und sehr fein hacken. Mit Butter, Zitronenschale und Tabasco-Sauce mischen und kalt stellen.

Den Grill auf 250–300 °C direkte Hitze vorbereiten.

Austern mit einem Austernmesser am Gelenk (an der Spitze der Auster) öffnen und den seitlich sitzenden Schließmuskel durchtrennen. Unbedingt die Hände dabei schützen, z. B. mit einem speziellen Handschuh, oder die Auster fest mit einem Küchentuch umwickeln. Das Austernwasser nicht wegschütten, sondern in den Austern belassen.

Austern mit Kräuterbutterflöckchen belegen und eventuell mit etwas Pecorino bestreuen. Bei direkter Hitze und geschlossenem Deckel ca. 4–5 Minuten grillen.

Tipp
Die Austern können auch ungeöffnet auf den Grill gelegt und erst anschließend gewürzt werden, das dauert ein paar Minuten länger. Durch die Hitze öffnet sich die Auster von selbst.

4 Personen | Temperatur: 250–300 °C | direkt bei geschlossenem Deckel

Das passt dazu
LEICHTES WEISSBIER/
WEIZENSCHANKBIER
CRAFT BEER
CHARAKTER
spritzig,
hefearomatisch
2,5–3,5 Vol.-%

MIESMUSCHELN

in KNOBLAUCHBUTTER-SAUCE

2 kg küchenfertige Miesmuscheln

Für die Knoblauchbutter-Sauce:

100 g Butter

2–3 Knoblauchzehen

1 kleines Bund frischer Zitronenthymian

1 Schuss Olivenöl

Saft und Zesten von 1 Bio-Zitrone

Außerdem:

1 Grillschale

Miesmuscheln verlesen und bereits geöffnete Exemplare unbedingt entsorgen.

Die Butter zerlassen. Knoblauch schälen und fein hobeln. Zitronenthymian waschen, trocken schütteln, Die Blätter abzupfen und grob hacken. Knoblauch, Zitronenthymian und Olivenöl zur heißen Butter geben und ca. 5 Minuten köcheln lassen.

Den Grill auf 200 °C direkte Hitze vorbereiten.

Miesmuscheln kurz vor dem Grillen mit der zerlassenen Butter marinieren, dann in eine Grillschale oder auf eine Grillplatte geben und bei geschlossenem Deckel etwa 10 Minuten grillen.

Mit Zitronensaft beträufeln und mit den Zitronenzesten bestreuen. In einer großen Schüssel servieren.

4 Personen Temperatur: 200 °C | direkt bei geschlossenem Deckel

Das passt dazu
PILS
CRAFT BEER
CHARAKTER
ausgeprägte, feinherbe Hopfenbittere, schlank
4,0–5,5 Vol.-%

JAKOBSMUSCHELN

im MAISBLATT *mit* TOMATENSUGO

Für den Tomatensugo:

250 g rote Mini- oder Spitzpaprika

2 rote Zwiebeln

2 Knoblauchzehen

Olivenöl

2 TL geräuchertes Paprikapulver

½ TL Piment d'Espelette oder eine andere milde Chilisorte

1 TL Zucker

1 Dose gehackte Tomaten (Füllgewicht ca. 500 g)

2 EL heller Essig

Salz

frisch gemahlener Pfeffer

Für die Jakobsmuscheln:

4 Maisblätter

Pflanzenöl

8 ausgelöste Jakobsmuscheln

Salz

frisch gemahlener Pfeffer

Außerdem:

Küchengarn

Für den Tomatensugo Paprika auf den Grill legen und grillen, bis sich schwarze Blasen bilden. Vom Grill nehmen, 15 Minuten abgedeckt abkühlen lassen.

Zwiebeln und Knoblauch schälen, fein schneiden und mit etwas Olivenöl anschwitzen. Geräuchertes Paprikapulver, Piment d'Espelette und Zucker zufügen, kurz mitrösten, dann mit Tomatenstücken und Essig ablöschen. 20 Minuten offen einköcheln, mit Salz und Pfeffer abschmecken. Währenddessen die gegrillte Paprika enthäuten, entkernen und klein geschnitten zum Tomatensugo geben.

Für die Jakobsmuscheln Maisblätter in eine Schale mit Wasser legen und mit einem schweren Gegenstand, z. B. einem Stein, beschweren. 45 Minuten einweichen.

Den Grill auf 180 °C direkte Hitze vorbereiten.

Maisblätter aus dem Wasser nehmen, etwas Öl in die Mitte träufeln und die Jakobsmuscheln darauflegen, salzen und pfeffern, dann den Tomatensugo darauf verteilen. Maisblätter möglichst dicht mit Küchengarn zu Schiffchen verschnüren.

Maisschiffchen ohne Deckel 8 Minuten grillen.

4 Personen | Temperatur: 180 °C | direkt bei offenem Deckel

Das passt dazu
PILS
CRAFT BEER
CHARAKTER
ausgeprägte, feinherbe Hopfenbittere, schlank
4,0–5,5 Vol.-%

GAMBAS CARABINIERA

mit FRISCHEM THYMIAN

4 Gambas Carabiniera (Tiefseegarnelen, TK-Ware bzw. frisch))	Olivenöl Salzflakes	Zweige frischer Thymian (nach Belieben)

Den Grill auf 240 °C direkte Hitze vorbereiten.

Die Gambas in ihrer Schale auf den Grill legen und bei geschlossenem Deckel von jeder Seite ungefähr 1 Minute scharf angrillen.

Anschließend längs aufschneiden und eventuell noch den Darm herausziehen. Großzügig mit Olivenöl beträufeln, mit Salzflakes bestreuen und, mit frischem Thymian garniert, servieren.

Tipp
Eine ideale Begleitung dazu bilden geröstetes Brot sowie ein scharfes Aioli (siehe Seite 302).

4 Personen | Temperatur: ca. 240 °C | direkt bei geschlossenem Deckel

FISCHSTÄBCHEN

mit WAKAME-KARTOFFELPÜREE

Für das Wakame-Kartoffelpüree:

500 g mehligkochende Kartoffeln

Salz

100 ml Milch

50 g Butter

100 g Wakame-Algen

Für die Fischstäbchen:

2 Doradenfilets mit Haut

200 g Schwertfischfilet

200 g Seeteufelfilet

200 g weißes Heilbuttfilet

200 g geräucherter Bauchspeck

Meersalz

Zucker

4 kleine rote Zwiebeln

4 Black-Tiger-Garnelen

4 Shiso-Blätter (jap. Kräuterpflanze)

frischer Thymian

Zweige frischer Rosmarin (nach Belieben)

frisch gemahlener schwarzer Pfeffer

Außerdem:

4 große Metallpieße

Für das Wakame-Püree die Kartoffeln schälen und in Salzwasser weich kochen. Abgießen und mit Milch und Butter zu Püree stampfen. Anschließend Wakame-Algen schälen und fein schneiden. Davon ⅔ der Algen in das Püree unterrühren.

Für die Fischstäbchen die verschiedenen Fischsorten und den geräucherten Speck jeweils in Stücke à 50 g schneiden und mit Meersalz und Zucker würzen. Die Zwiebeln schälen und halbieren.

Fisch, Speck, Garnelen und Zwiebelstücke gleichmäßig auf die Metallgrillspieße aufstecken.

Den Grill auf 200 °C direkte Hitze vorbereiten.

Die Spieße jeweils 2 Minuten von beiden Seiten garen und danach 5 Minuten in die Ruhezone des Grills legen.

Den Spieß auf dem Püree anrichten und mit Shiso-Blättern, restlichen Algen sowie frischem Thymian und Rosmarin garnieren. Kurz vor dem Servieren gut pfeffern.

4 Personen | Temperatur: 220 °C | direkt bei offenem Deckel

PULPO

mit SCHINKENCHIPS

600 g küchenfertiger Pulpo (Krake)	1–2 TL Paprikapulver	etwas frische, gehackte Petersilie
50 ml heller Essig	Pflanzenöl	1 kleine Chilischote
1 Lorbeerblatt	Saft von 1 Zitrone	**Außerdem:**
½ TL Pfefferkörner	½ TL Salz	1 Grillschale
4 Knoblauchzehen	frisch gemahlener Pfeffer	
200 g fein aufgeschnittener Schinken oder Südtiroler Speck	Olivenöl	

Den gesäuberten Pulpo im Ganzen in einen Topf legen und mit Wasser bedecken. Essig, Lorbeerblatt, Pfefferkörner und Knoblauch, diesen zuvor schälen, zufügen. Bei geschlossenem Deckel aufkochen, 10 Minuten köcheln lassen, anschließend im Kochwasser auskühlen lassen.

Inzwischen den Backofen auf 100 °C Umluft vorheizen.

Den Schinken gegebenenfalls zuschneiden, mit ein wenig Paprikapulver bestäuben und auf einem mit Backpapier ausgelegten Blech verteilen. Bei leicht geöffneter Ofenklappe ca. 1 Stunde trocknen.

Den Grill auf 200 °C direkte Hitze vorbereiten.

Den abgekühlten Pulpo mit einem scharfen Messer in grobe Stücke zerteilen.

Die weich gekochten Knoblauchzehen herausnehmen und mit einem guten Schuss Pflanzenöl und dem Saft der Zitrone zerdrücken. Das Salz, 1 TL Paprikapulver und etwas Pfeffer zufügen und die Pulpostücke darin kurz und von allen Seiten marinieren.

Den Pulpo in einer Grillschale bei offenem Deckel ca. 10 Minuten grillen.

Zum Servieren mit einem Schuss Olivenöl, gehackter Petersilie und fein geschnittener Chilischote mischen. Die Schinkenchips dazureichen.

Tipp
Zu diesem Gericht schmeckt besonders gut der Kartoffelsalat mit grüner Sauce (siehe Seite 297).

8 Personen | Temperatur: 200 °C | direkt bei geschlossenem und offenem Deckel

Das passt dazu
KRISTALLWEIZEN
CRAFT BEER
CHARAKTER
weizenaromatisch, teilweise angenehm blumig oder fruchtig
4,5–5,5 Vol.-%

DUTCH OVEN

TINTENFISCH

in WEISSWEIN-SUGO

1 große Zwiebel	400 g Kirschtomaten	200 ml Weißwein
2 Knoblauchzehen	1 Bund frisches Basilikum	1 Lorbeerblatt
1 Zweig frischer Rosmarin	1 kg Tintenfischtuben	1 TL Salz
1 Zweig frischer Thymian	6 EL Olivenöl	½ TL Zucker

Eine Glut aus Kohlen oder Briketts vorbereiten.

Zwiebel schälen und würfeln. Knoblauchzehen schälen und fein hacken. Den Rosmarin und Thymian waschen, trocken tupfen und fein hacken. Die Kirschtomaten halbieren. Die Basilikumblätter von den Stielen zupfen und in feine Streifen schneiden. Anschließend die Tintenfischtuben putzen.

Den Dutch Oven in die vorbereiteten heißen Kohlen bzw. Briketts stellen.

Olivenöl hineingeben. Die Tintenfischtuben darin kräftig anbraten. Zwiebeln und Knoblauch dazugeben, kurz anschwitzen und dann mit dem Weißwein ablöschen. Rosmarin, Thymian, Lorbeerblatt, Kirschtomaten, Salz und Zucker dazugeben. Tintenfische im Weißweinsud kurz aufkochen lassen. Vor dem Servieren mit frischem Basilikum bestreuen.

Tipp
Zum Tintenfisch geröstetes Knoblauchbrot servieren.

8 Personen · Dutch Oven (Fassungsvermögen ca. 2 Liter)

Corona
Extra

VEGETARISCH

Gemüse vom Grill bietet eine vitaminreiche Abwechslung, die durch individuelle Röstaromen sowie eine große und farbenfrohe Kombinationsvielfalt überzeugt

QUESADILLAS

mit GRILLGEMÜSE *und* GUACAMOLE

Für das Gemüse:

1 gelbe Paprika

1 rote oder grüne Chilischote

2 Frühlingszwiebeln

1 kleines Bund grüner Thai-Spargel

1 Handvoll frischer Spinat

Olivenöl

Salz

frisch gemahlener Pfeffer

Für die Käsemischung:

200 g saure Sahne

200 g frisch geriebener Käse (z. B. Gouda oder Mozzarella)

1 TL gemahlener Koriander

1 TL gemahlener Kreuzkümmel

Salz

frisch gemahlener Pfeffer

Für die Guacamole:

2 Avocados

1 EL Limettensaft

1 kleines Bund frisches Koriandergrün

Salz

frisch gemahlener Pfeffer

Außerdem:

4 Tortilla-Fladen

Für das Gemüse die Paprika halbieren, entkernen, Trennhäute entfernen, waschen und in kleine Stücke schneiden. Chilischote klein schneiden, Frühlingszwiebeln putzen, Spargel waschen und beides klein schneiden. Spinat waschen, trocken tupfen und grob zerkleinern. Alles mit etwas Olivenöl, Salz und Pfeffer marinieren.

Den Grill auf 200 °C direkte Hitze vorbereiten.

Anschließend das Gemüse in einer Grillschale bei geschlossenem Deckel anrösten, bis es bissfest ist.

Für die Käsemischung saure Sahne und geriebenen Käse verrühren, Koriander und Kreuzkümmel zufügen, mit Salz und Pfeffer abschmecken.

Für die Guacamole Fruchtfleisch der Avocados auslösen, zerdrücken oder kurz pürieren und mit dem Limettensaft verrühren. Koriander waschen, trocken schütteln, Blätter abzupfen und fein hacken. Zur Avocado geben und zu einer Guacamole verrühren. Diese mit Salz und Pfeffer gut abschmecken.

Den Grill auf 180 °C direkte Hitze reduzieren.

Tortilla-Fladen jeweils mit der Käse-Mischung und der Guacamole bestreichen, das gegrillte Gemüse darauf verteilen, zusammenklappen und mit etwas Öl bestreichen. Anschließend bei leicht reduzierter Hitze auf dem Grill platzieren und bei offenem Deckel ca. 4 Minuten von beiden Seiten grillen. Zum Servieren in Viertel zerteilen.

4 Personen | Temperatur: 200 °C | direkt bei geschlossenem und offenem Deckel

Das passt dazu
WEISSBIER + CASCADE
CRAFT BEER
CHARAKTER
weizen- und hopfen-
aromatisch, fruchtig,
frische Hefenote,
Citrusaroma
4,0–5,5 Vol.-%

CAESARS SALAD

mit RÖSTBROT

Für das Röstbrot: 1 Parisienne-Brot (vom Vortag) Pflanzenöl ½ Knoblauchzehe **Für das Dressing:** 2 Knoblauchzehen 1 Eigelb	120 ml Olivenöl 2 EL heller Aceto balsamico oder Zitronensaft 2 Sardellenfilets 2 EL Worcestersauce 1 TL Zucker 2 TL Dijonsenf	Salz frisch gemahlener Pfeffer 80 g frisch geriebener Parmesan **Für den Salat:** 4 Romanasalatherzen Pflanzenöl

Den Grill auf 200 °C direkte Hitze vorbereiten.

Das Parisienne in dünne Scheiben schneiden, mit etwas Pflanzenöl bestreichen und kurz auf den Grillrost legen, bis sich Grillspuren bilden. Anschließend mit der Knoblauchzehe zwei- bis dreimal über die gerösteten Schnittflächen streichen, beiseitestellen.

Für das Dressing den restlichen Knoblauch hacken. Mit Eigelb, Olivenöl, Aceto balsamico oder Zitronensaft und Sardellenfilets, Worcestersauce, Zucker sowie Dijonsenf aufmixen. Mit Salz und Pfeffer abschmecken. Dazu 2–3 EL geriebenen Parmesankäse unterrühren.

Die gesäuberten Salatherzen längs zerteilen, mit etwas Pflanzenöl bestreichen und auf den Grillrost legen, bis sich Grillspuren bilden. Den gegrillten Salat mit etwas Dressing überziehen, mit dem restlichen Parmesan bestreuen und zu den gerösteten Brotscheiben servieren.

Tipp
Das geröstete Brot kann ebenso gut, zu Croûtons zerbröselt, über die Salatherzen gestreut werden.

4 Personen | Temperatur: 200 °C | direkt bei geschlossenem und offenem Deckel

Das passt dazu
SCHWARZBIER
CRAFT BEER
CHARAKTER
röstaromatisch, leicht malzaromatisch, hopfenbitter, süffig
5,0–5,5 Vol.-%

HERBSTSALAT

mit CROÛTONS *und* KÜRBISSCHEIBEN

Für das Dressing:

1 EL Kürbiskernöl

3 EL Obstessig

7 EL Traubenkernöl

1 TL Zucker

Salz

frisch gemahlener Pfeffer

Für den Salat:

250 g gemischter Salat (z. B. Rucola, Lollo rosso, Eichblatt, Frisée)

je 100 g Champignons und Austernpilze

8 Pflaumen

je 50 g helle und dunkle Weintrauben

2 EL roter Aceto balsamico

Pflanzenöl

frisch gemahlener Pfeffer

4 dickere Scheiben Parisienne-Brot oder Baguette

Pflanzenöl

200 g Hokkaido-Kürbis

1 Bio-Zitrone

1 Handvoll Walnusskerne

Rauchsalz

Für das Dressing alle Zutaten miteinander verrühren.

Den Salat verlesen, waschen und trocken schleudern. Champignons sowie Austernpilze gründlich putzen und etwas kleiner schneiden. Die Pflaumen und Weintrauben waschen und trocken tupfen. Die Pflaumen entsteinen, kleiner schneiden und die Weintrauben ebenfalls teilen. Pilze, Pflaumen und Trauben mit Aceto balsamico und etwas Pflanzenöl marinieren und leicht pfeffern.

Das Brot in Würfel schneiden und mit etwas Pflanzenöl beträufeln. Den Kürbis gründlich waschen, mit Schale in dünne Scheiben schneiden und Kerne und Innenfasern entfernen. Die Kürbisscheiben mit etwas Pflanzenöl bestreichen. Die Zitrone ebenfalls in Scheiben schneiden.

Den Grill mit Grillplatte auf 200 °C und direkte Hitze vorbereiten.

Nacheinander Champignons, Austernpilze, Pflaumen, Weintrauben, Brot, Kürbis, Zitrone und Walnüsse mit etwas Abstand auf die heiße Grillplatte geben und ohne Deckel für wenige Minuten scharf grillen. Zum Ende hin alles mit etwas Rauchsalz würzen.

Den frischen Salat mit dem Dressing marinieren, auf Teller verteilen und mit den gegrillten Zutaten anrichten.

Tipp
Wer mag, gibt noch einige Würfel Blauschimmelkäse über den Salat.

4 Personen | Temperatur: 200 °C | direkt bei offenem Deckel

Das passt dazu
IPA
CRAFT BEER
CHARAKTER
starke Hopfennote, fruchtige Aromen wie Maracuja und Papaya
6–10 Vol.-%

HALLOUMI

mit GRILLGEMÜSE *und* RADIESCHEN-PESTO

Für das Grillgemüse:	Für das Pesto:	Für den Halloumi:
3–4 kleine gelbe oder grüne Zucchini	50 g Walnusskerne	400 g in Scheiben geschnittener Halloumi-Käse
1 Bund Radieschen	4 EL Walnussöl	Sprossen nach Wahl
Pflanzenöl	50 g frisch geriebener Parmesan oder Pecorino	Radieschengrün
	Salz	
	frisch gemahlener Pfeffer	

Zucchini waschen, die Enden abschneiden, anschließend mit einem Gemüsehobel längs in Scheiben hobeln. Radieschen putzen, waschen und halbieren. Das Radieschen-Grün verlesen.

Walnüsse grob hacken und mit Walnussöl und geriebenem Käse zu einem Pesto mörsern, mit Salz und Pfeffer abschmecken.

Den Grill auf 180 °C direkte Hitze vorbereiten.

Die Zucchinischeiben mit etwas Pflanzenöl bestreichen. Mit dem in Scheiben geschnittenen Halloumi und den Radieschenhälften einige Minuten grillen, bis sich schöne Grillspuren bilden.

Zucchini wie Spaghetti aufdrehen und auf Tellern anrichten. Mit den gegrillten Radieschen und dem Halloumi belegen und mit Pesto überziehen. Zum Schluss mit frischen Sprossen und Radieschen-Grün garnieren.

Tipp
Wer es gerne etwas geschmacksintensiver mag, mischt unter das Radieschen-Grün noch ein paar Rucola-Blätter.

4 Personen | Temperatur: 180 °C | direkt bei offenem Deckel

Das passt dazu
LEICHTES WEISSBIER/
WEIZENSCHANKBIER
CRAFT BEER
CHARAKTER
spritzig,
hefearomatisch
2,5–3,5 Vol.-%

GEFÜLLTE CHAMPIGNONS

mit FRISCHKÄSE

16 sehr große Champignons	1 Zweig frischer Rosmarin	350 g Frischkäse (natur)
4 EL Olivenöl	1 Zweig frischer Thymian	frisch gemahlener Pfeffer
Salz	1 Knoblauchzehe	

Den Grill auf 200 °C direkte Hitze vorbereiten.

Champignons gründlich putzen, abbürsten und gegebenenfalls behutsam waschen und trocken tupfen. Stiele herausdrehen. Die Köpfe mit Olivenöl bestreichen und die Innenseite salzen.

Rosmarin und Thymian waschen, trocken schütteln und hacken. Den Knoblauch schälen und hacken.

Den Frischkäse mit je 1 L Rosmarin und Thymian sowie ½ TLKnoblauch, etwas Pfeffer und Salz abschmecken und verrühren. Champignonköpfe mit der Frischkäsemasse gleichmäßig füllen.

Die Champignonköpfe bei geschlossenem Deckel grillen, etwa 10–15 Minuten.

Tipp
Bei der Wahl der Kräuter ist man völlig frei: Einfach nehmen, was da ist.

4 Personen | Temperatur: ca. 200 °C | direkt bei geschlossenem Deckel

GEPLATZTE TOMATEN

mit OLIVEN-KROKANT

Für den Oliven-Krokant:	Für die Tomaten:	Für die Garnitur:
200 g schwarze Oliven ohne Stein (aus dem Glas)	4 Rispen Cherrytomaten	500 g Büffelmozzarella
500 g Zucker	½ Bund frisches Basilikum	4 EL Aceto balsamico
	8 EL hochwertiges Olivenöl	Salz
		frisch gemahlener schwarzer Pfeffer

Für den Oliven-Krokant die Oliven abtropfen lassen und in Scheiben schneiden. Zucker und 500 ml Wasser in einem Topf aufkochen. Oliven im Zuckerwasser 5 Minuten mitkochen lassen, dann mit einem Schaumlöffel herausnehmen und auf ein Blech mit Backpapier geben.

Das Blech bei 70 °C Ober- und Unterhitze in den Ofen schieben und die Oliven über Nacht (6–8 Stunden) trocknen. Zum Trocknen des Oliven-Krokants kann auch die Restwärme des Grills genutzt werden, wenn man zuvor bereits was anderes gegrillt hat.

Den Grill auf 200–220 °C direkte Hitze vorbereiten.

Die Tomaten am Strunk lassen, waschen und bei offenem Deckel auf den Grill legen. So lange grillen, bis sie anfangen aufzuplatzen. Während der Grillzeit das Basilikum sehr fein schneiden. Ein paar Blätter zum Garnieren beiseitelegen.

Tomaten vom Grill nehmen, auf ein Blech geben, mit dem Basilikum bestreuen und etwas Olivenöl darüberträufeln. Büffelmozzarella in Stückchen zupfen und zusammen mit den geplatzten Tomaten und dem Aceto balsamico anrichten. Ordentlich salzen und pfeffern und mit den restlichen Basilikumblättern garnieren. Zusammen mit dem Olivenkrokant servieren.

4 Personen | Temperatur: 200–220 °C | direkt bei offenem Deckel

ORIENTALISCHE SÜSSKARTOFFELN

mit HALLOUMI *und* GRANATAPFEL-BULGUR

4 mittelgroße Süßkartoffeln (je 300 g)	Orangensaft	2 EL frische gehackte Minze
Olivenöl	1 Handvoll Rosinen	Salz
150 g Halloumi-Käse	1 Granatapfel	frisch gemahlener Pfeffer
250 g Bulgur	2 TL Zesten von 1 Bio-Orange	

Den Grill auf 200 °C indirekte Hitze vorbereiten.

Süßkartoffeln waschen, mit ein paar Spritzern Olivenöl locker in Alufolie wickeln und ca. 30 Minuten bei geschlossenem Deckel auf den Grill legen.

Den Halloumi zwischendurch mitgrillen. Sobald sich Grillspuren zeigen, sofort vom Rost nehmen und etwas auskühlen lassen.

Den Bulgur gründlich waschen. Die auf der Packung zum Garen angegebene Wassermenge oder Gemüsebrühe zur Hälfte durch Orangensaft ersetzen und den Bulgur zusammen mit den Rosinen garen.

Den gegrillten Halloumi in kleine Würfel schneiden. Granatapfelkerne auslösen. 2 EL Kerne, Halloumiwürfel und Orangenzesten mit dem Bulgur mischen. Mit einem Spritzer Olivenöl, frischer Minze sowie etwas Salz und Pfeffer abschmecken.

Süßkartoffeln etwas ausdämpfen lassen, in der Alufolie längs zerteilen und etwas auseinanderklappen. Die Bulgurmischung darauf verteilen, die restlichen Granatapfelkerne dazureichen.

Tipp
Zu den gefüllten Süßkartoffeln empfiehlt sich ein mit Salz und Pfeffer abgeschmeckter Dip aus Sauerrahm und gehackter Minze.

4 Personen | Temperatur: 200 °C | indirekt bei geschlossenem Deckel

Das passt dazu
KÖLSCH
CRAFT BEER
CHARAKTER
teilweise angenehm blumig oder fruchtig, angenehm herb
4,6–5,1 Vol.-%

GEFÜLLTE AUBERGINEN

mit GRANATAPFELKERNEN *und* FETA

4 kleine Auberginen	¼ Bund frische Minze	Salz
1 Granatapfel	Olivenöl	frisch gemahlener Pfeffer
300 g Feta		

Auberginen gründlich waschen, Stielansätze und Enden abschneiden. Anschließend längs halbieren und das Fruchtfleisch aushöhlen, ohne die Schale der Auberginen zu verletzen. Das ausgehöhlte Fruchtfleisch klein schneiden und beiseitelegen.

Granatapfel halbieren und die Kerne über einer Schüssel herauslösen. Feta zerbröseln. Minze waschen, trocken schütteln und hacken.

Den Grill auf 200 °C indirekte Hitze vorbereiten.

Das Auberginenfruchtfleisch mit Granatapfelkernen, Feta und etwas Olivenöl, Salz, Pfeffer und 1 EL der gehackten Minze vermengen. Die Auberginenhälften mit der zubereiteten Masse füllen.

Auberginen bei geschlossenem Deckel in ca. 30 Minuten weich grillen.

4 Personen | Temperatur: ca. 200 °C | indirekt bei geschlossenem Deckel

ZUCCHINI-BOMBEN

mit GESCHMOLZENEM ALIGOT

250 g Bergkäse	500 g mehlig kochende Kartoffeln	frisch gemahlener Pfeffer
20 g Butter	frisch geriebene Muskatnuss	4 runde Zucchini
2 EL Crème fraîche	Salz	Kräuter (nach Belieben)

Käse reiben, Butter und Crème fraîche bereitstellen. Kartoffeln schälen, in leicht gesalzenem Wasser weich kochen, kurz ausdämpfen lassen.

Die noch heißen Kartoffeln mit Butter, Käseraspeln und Crème fraîche in eine Schüssel geben und mit dem Handmixer glatt rühren. Mit etwas Muskatnuss, Salz und Pfeffer abschmecken. Abgedeckt warm halten.

Von den Zucchini den Deckel abschneiden, aushöhlen. Diese mit der Kartoffel-Käse-Masse bis knapp unter den Rand füllen.

Den Grill auf 220 °C direkte Hitze vorbereiten.

Die gefüllten Zucchini in einer feuerfesten Form eng aneinandersetzen und bei geschlossenem Deckel ungefähr 30 Minuten grillen, bis die Masse oben austritt und leicht bräunt. In den letzten Minuten die Zucchinideckel direkt auf den Rost legen und mitgrillen. Zum Servieren wieder auf die gefüllten Zucchini setzen. Nach Belieben mit Kräutern garnieren.

4 Personen | Temperatur: 220 °C | direkt bei geschlossenem Deckel

Das passt dazu
HELL/LAGER
CRAFT BEER
CHARAKTER
feinwürzig, leicht,
vollmundig, mild
4,5–5,5 Vol.-%

GERÄUCHERTER MOZZARELLA

auf ZEDERNHOLZ *mit* MEDITERRANEM GEMÜSE

300 g Paprika	3 EL Olivenöl	**Außerdem:**
300 g Zucchini	Salz	1 Zedernholzbrett
200 g Kirschtomaten	frisch gemahlener Pfeffer	Buchenholz
1 Knoblauchzehe	4 Kugeln Mozzarella (je 125 g)	
1 Zweig frischer Rosmarin	flüssiger Honig	
1 Zweig frischer Thymian		

Den Grill auf 200 °C direkte Hitze vorbereiten.

Paprika halbieren, entkernen und Trennwände entfernen. Waschen und trocken tupfen, dann in große Stücke schneiden. Zucchini und Tomaten waschen, von den Zucchini die Enden abschneiden und anschließend in längliche Stücke schneiden. Paprika, Zucchini und Kirschtomaten in eine Schüssel geben.

Knoblauch schälen und fein hacken. Rosmarin und Thymian waschen, trocken schütteln und Blättchen und Nadeln grob hacken. Mit Olivenöl, je 1 EL Rosmarin und Thymian, Salz und Pfeffer verrühren.

Zum Gemüse geben und die Zutaten gut mischen. Das Gemüse bei direkter Hitze auf dem Rost und in etwa 3–4 Minuten scharf-knackig grillen.

Den Smoker auf 80 °C Hitze vorbereiten.

Den Mozzarella auf das Zedernholzbrett legen, salzen und pfeffern sowie mit etwas Honig bestreichen. Mozzarella auf dem Zedernholzbett in den Smoker legen und mit Buchenholz etwa 15 Minuten räuchern.

Das Gemüse anrichten, den Mozzarella darauflegen.

Tipp
Mit klassischem Basilikum-Pesto servieren.

4 Personen | Temperatur: etwa 200 °C | direkt bei offenem Deckel sowie 80 °C | im Smoker bei geschlossenem Deckel

GERÄUCHERTE DRILLINGE

mit BBQ-QUARK

Für die Drillinge:	Für den Barbecue-Quark:	Außerdem:
600 g Bio-Drillinge (kleine Kartoffeln)	1 Zweig frischer Rosmarin	300 g Hickory-Späne
Salz	200 g Quark (40 % Fettgehalt)	frischer Rosmarin zum Garnieren
2 Lorbeerblätter	100 ml Barbecuesauce	
2 Zweige frischer Rosmarin	1 TL grüner Pfeffer in Lake (aus dem Glas)	
Salzflakes	Salz	

Die Kartoffeln in gut gesalzenem Wasser und mit den 2 Lorbeerblättern bissfest kochen.

Hickory-Späne 20 Minuten in reichlich Wasser einweichen. Den Grill auf 200 °C Räuchern vorbereiten. Späne auf die heiße Kohle geben.

Die Drillinge zusammen mit den Rosmarinzweigen auf dem Grillrost verteilen und ca. 15 Minuten bei geschlossenem Deckel räuchern.

In der Zwischenzeit für den Barbecue-Quark die Nadeln des Rosmarinzweigs abzupfen und sehr fein hacken. Den Quark, die Barbecuesauce, den Rosmarin und den grünen Pfeffer in eine Schüssel geben, ordentlich verrühren und mit Salz abschmecken.

Die Drillinge vom Grill nehmen und mit dem Barbecue-Quark auf einem Teller anrichten, mit den Salzflakes würzen und mit etwas frischem Rosmarin garnieren.

4 Personen | Temperatur: ca. 200 °C | Räuchern bei geschlossenem Deckel

WEINBERGPFIRSICHE

mit ZIEGENKÄSEFÜLLUNG

Für die Ziegenkäse-Füllung:	½ EL frischer gehackter Rosmarin	Salz
50 g Sonnenblumenkerne	½ EL frischer gehackter Thymian	8 weiche Weinbergpfirsiche
200 g Ziegenfrischkäse	½ EL flüssiger Honig	
1 Eigelb (Größe M)	Chilipulver	

Für die Füllung Sonnenblumenkerne fein hacken. Ziegenkäse mit Eigelb, Sonnenblumenkernen, Rosmarin, Thymian, Honig, Chilipulver und etwas Salz vermischen.

Die Pfirsiche waschen und trocken tupfen, halbieren und entsteinen. Das Fruchtfleisch in der Mitte etwas tiefer in die Pfirsichhälften drücken, um die Mulden so zu vergrößern. Die Füllung in die Pfirsichhälften geben.

Den Grill auf 200 °C indirekte Hitze vorbereiten.

Pfirsiche mit der Haut nach unten auf den Grillrost legen und möglichst den Deckel schließen. Die Pfirsiche weich grillen.

Tipp
Dazu passt frisches Brot und ein grüner Salat.

4 Personen | Temperatur: ca. 200 °C | indirekt bei geschlossenem Deckel

SPARGEL

mit TALEGGIO-KARTOFFELN

800 g neue Kartoffeln 800 g weißer Spargel 200 g Taleggio (ital. Weichkäse oder ein anderer leicht säuerlicher Weichkäse)	frisch gemahlener grober Pfeffer Olivenöl Pflanzenöl Salz Zucker	**Außerdem:** Alufolie Quark-Sahne-Dip (z. B. mit Gartenkresse, nach Belieben)

Kartoffeln waschen und mit Schale knapp gar kochen. Abgießen und etwas abkühlen lassen. In der Zwischenzeit den Spargel schälen und die holzigen Enden ganz abschneiden. Kartoffeln längs halbieren und etwas aushöhlen, beiseitestellen. Vom Taleggio die Rinde abschneiden und den Käse fein würfeln. Die Kartoffelmasse mit dem Käse und etwas Pfeffer vermengen.

Den Grill auf 150 °C direkte Hitze vorbereiten.

Die ausgehöhlten Kartoffeln mit der Masse füllen und die Kartoffelhälften wieder fest zusammendrücken. Kartoffeln mit etwas Olivenöl beträufeln, in Folie wickeln und auf dem Grill bei geschlossenem Deckel grillen.

Spargelstangen mit Pflanzenöl bestreichen und mit Salz und Zucker bestreuen. Nach ca. 15 Minuten der Kartoffelgarzeit Spargel direkt ohne Deckel für etwa 10 Minuten mitgaren. Kartoffeln und Spargel anschließend beide herausnehmen.

Den Spargel mit einem Gartenkresse-Dip (siehe Seite 303) sowie den Taleggio-Kartoffeln servieren.

4 Personen | Temperatur: ca. 150 °C | direkt bei geschlossenem oder offenem Deckel

ANTIPASTI-SALAT

mit SOMMERGEMÜSE

2 rote Paprika	1 Zweig frischer Rosmarin	300 ml Olivenöl
2 Zucchini	1 Zweig frischer Thymian	100 ml Aceto balsamico
2 rote Zwiebeln	1 Knoblauchzehe	Salz
2 Fenchelknollen	1 Chilischote	Zucker

Paprika halbieren, entkernen, Trennwände entfernen, waschen und in grobe Stücke schneiden. Zucchini waschen, die Enden abschneiden und ebenfalls in grobe Stücke schneiden. Zwiebeln schälen und grob zerkleinern. Den Fenchel putzen, waschen und in grobe Stücke schneiden.

Für die Marinade den Rosmarin und Thymian waschen, trocken schütteln. Nadeln bzw. Blätter abstreifen, fein hacken. Knoblauchzehe schälen und ebenfalls hacken.

Chilischote waschen, entkernen und fein hacken. Olivenöl, Aceto balsamico, 1 EL Rosmarin, 1 EL Thymian, ½ EL Knoblauch, ½ TLChilischote zusammen mit etwas Salz und Zucker zu einer Marinade verrühren. Das Gemüse anschließend gut mit der Marinade mischen und etwa 60 Minuten marinieren.

Den Grill auf 200 °C direkte Hitze vorbereiten.

Das kurz abgetropfte Gemüse ohne Deckel 5–10 Minuten unter Wenden knackig grillen.

Tipp
Den Salat mit Kräuterquark oder einem Frischkäsedip mit Gartenkresse servieren.

4 Personen | Temperatur: 200 °C | direkt bei geschlossenem oder offenem Deckel

FLAMMKUCHEN

mit BÄRLAUCH-PESTO, RADIESCHEN *und* FETA

2 Rollen Flammkuchenteig (je 260 g aus dem Kühlregal)	Salz	**Außerdem:**
200 g Radieschen	50 g Bärlauch-Pesto	1 Pizzastein (Schamottstein)
½ Bund Frühlingszwiebeln	150 g Feta	
250 g Crème fraîche	frisch gemahlter schwarzer Pfeffer	

Den Grill mit dem Schamottstein auf 250 °C vorheizen.

Den Flammkuchenteig jeweils ausbreiten. Radieschen waschen und putzen, anschließend in dünne Scheiben schneiden oder hobeln. Frühlingszwiebeln waschen, trocken tupfen und in dünne Ringe schneiden.

Crème fraîche mit etwas Salz verrühren und den Flammkuchenteig damit bestreichen. Bärlauch-Pesto zubereiten und darauf verteilen, dann mit Frühlingszwiebeln belegen. Feta zerbröckeln und ebenfalls darauflegen. Mit Pfeffer bestreuen.

Flammkuchen auf den Schamottstein legen und bei geschlossenem Deckel in ca. 5–10 Minuten knusprig backen. Zum Servieren die Radieschen darauf verteilen.

Tipp
Schamottsteine gibt es sehr günstig im Baumarkt zu erwerben, aber immer beim Kauf darauf achten, dass der Stein lebensmittelecht ist.

Bärlauch-Pesto wird im Prinzip wie ein Basilikum-Pesto (siehe Seite 303) hergestellt, aber anstelle des Basilikums wird frischer Bärlauch verwendet.

4 Personen | Temperatur: 250 °C | direkt bei geschlossenem Deckel auf dem Schamottstein

ZWIEBELKUCHEN

mit PETERSILIE *und* SAHNE

Für den Teig:

½ frischer Hefewürfel (21 g)

1 TL Zucker

200 g Dinkelmehl

Salz

Für die Füllung:

500 g Zwiebeln

1 Handvoll glatte Petersilie

4 EL Pflanzenöl

4 Eier (Größe M)

200 g saure Sahne

1 TL Kümmel

¼ TL Salz

Außerdem:

1 feuerfeste Tarte-Form (Ø 26 cm)

Butter für die Form

Für den Teig die Hefe mit 100 ml lauwarmem Wasser und Zucker verrühren und 5 Minuten ruhen lassen. Das Dinkelmehl und dass Salz hinzufügen und alles zu einem geschmeidigen Teig verkneten, je nach Konsistenz eventuell. etwas mehr Mehl dazugeben. Den Teig mit einem Küchentuch abdecken und an einem warmen Ort etwa 60 Minuten gehen lassen.

Für die Füllung in der Zwischenzeit die Zwiebeln schälen und in Würfel schneiden. Petersilie waschen, trocken schütteln und hacken. Öl in einer Pfanne erhitzen und die Zwiebelwürfel darin anschwitzen, aber nicht bräunen. Eier mit saurer Sahne, Kümmel, Salz und 1 EL gehackter Petersilie verrühren.

Den Grill auf 200 °C indirekte Hitze vorbereiten.

Die Backform mit Butter einfetten und den Hefeteig darin ausbreiten. Die angeschwitzten Zwiebeln auf dem Hefeteig verteilen und die Eiermasse daraufgeben.

Den Zwiebelkuchen bei geschlossenem Deckel und für ca. 50 Minuten backen.

1 Tarte(Ø 26 cm) Temperatur: ca. 200 °C | indirekt bei geschlossenem Deckel

MÖHREN-HOT-DOG

mit SESAM-MAYONNAISE

Für die gepickelten Zwiebeln:

2 rote Zwiebeln

¼ Bund frische Petersilie

80 ml Rotweinessig

1 TL Zucker

1 Lorbeerblatt

1 EL Senfkörner

5 Pfefferkörner

Salz

Für die Sesam-Mayonnaise:

100 ml Pflanzenöl

50 ml Sesamöl

60 ml Sojacreme Cuisine

1 TL Senf

Saft von ½ Zitrone

Salz

Für die Möhren:

4 Bio-Möhren

15 g Ingwer

1 Chilischote

1 Pfefferminztee-Beutel

1 TL flüssiger Honig

Salz

1 Avocado

4 Hot-Dog-Brötchen

Außerdem:

gusseiserne Pfanne

Den Grill auf 180–200 °C direkte Hitze vorbereiten.

Für die gepickelten Zwiebeln die roten Zwiebeln am Vortag schälen und in Spalten schneiden. Die Petersilie fein hacken. Eine gusseiserne Pfanne ohne Fett erhitzen und die Zwiebelspalten darin von beiden Seiten anbraten. Parallel dazu Essig, 200 ml Wasser, Zucker, Lorbeerblatt, Senf- und Pfefferkörner in einem Topf aufkochen.

Die Zwiebelspalten und Petersilie dazugeben und ca. 7 Minuten mitköcheln lassen. Alles mit Salz abschmecken. Den so entstandenen Sud in ein verschließbares Glas füllen und über Nacht ziehen lassen.

Für die Mayonnaise Raps- und Sesamöl, Sojacreme, Senf und den Zitronensaft in einen Rührbecher geben und mit einem Stabmixer hochziehen. Nach Belieben mit etwas Salz abschmecken.

Für die Möhren das Gemüse putzen. Die Chilischote fein hacken. Den Ingwer schälen und in kleine Stückchen schneiden. Ingwer- und Chilistückchen, Teebeutel, Honig, einen halben TL Salz und 500 ml Wasser samt Möhren in einen Topf geben und 10 Minuten köcheln lassen. In der Zwischenzeit die Avocado halbieren und den Kern entfernen, die Schale an der Frucht lassen.

Die Möhren aus dem Sud nehmen und gut trocken tupfen. Anschließend Möhren und Avocadohälften kurz bei 180–200 °C und offenem Deckel direkt grillen, bis sie ein schönes Grillaroma samt Muster bekommen.

Die Avocadohälften aus der Schale lösen, in Streifen schneiden und mit den Möhren in die Hot-Dog-Brötchen legen. Mit Sesam-Mayonnaise und gepickelten Zwiebeln anrichten.

4 Personen | Temperatur: 180–200 °C | direkt bei offenem Deckel

PIZZA VOM STEIN

mit GRÜNEM SPARGEL

Für den Teig:	Für den Belag:	½ TL Salz
½ frischer Hefewürfel (21 g)	400 g Tomaten	frisch gemahlener Pfeffer
½ TL Zucker	200 g grüner Spargel	Zucker
½ TL Salz	1 rote Zwiebel	100 g Crème fraîche
300 g Weizenmehl	1 Zweig frischer Rosmarin	**Außerdem:**
6 EL Olivenöl	100 g Parmesan	1 Pizzastein (Schamottstein)

Für den Teig die Hefe mit 125 ml lauwarmem Wasser und Zucker in einer Schüssel verrühren und 5 Minuten ruhen lassen. Salz, Weizenmehl und Olivenöl zum Vorteig geben und alle Zutaten mit dem Knethaken des Handrührgeräts oder mit der Küchenmaschine zu einem geschmeidigen Teig vermengen. Eventuell etwas mehr Mehl unterarbeiten. Den Teig mit einem Küchentuch abdecken und an einem warmen Ort 60 Minuten gehen lassen, bis er sein Volumen vergrößert hat.

Für den Belag Tomaten waschen, trocken tupfen und grob würfeln, die Stielansätze entfernen. Den Spargel im unteren Drittel schälen, holzige Enden abschneiden. Spargel waschen, trocken tupfen und quer in fingerdicke Stücke schneiden. Zwiebel schälen, in Scheiben schneiden, dann in Ringe teilen. Rosmarin waschen, trocken schütteln und hacken. Parmesan reiben.

Den Grill auf 250 °C und indirekte Hitze mit Pizzastein vorbereiten.

Tomaten mit Salz, je 1 Prise Pfeffer und Zucker grob vermengen. Den Hefeteig, mit etwas Mehl bestäubt, ausrollen. Die Tomatenmasse darauf verstreichen. Spargelstücke und Zwiebelringe darauflegen. Crème fraîche klecksweise daraufgeben, mit ½ TL Rosmarin und Parmesan bestreuen.

Die Pizza auf den Stein legen und bei aufgelegtem Deckel etwa 20 Minuten backen.

4 Personen | Temperatur: 250 °C | indirekt bei geschlossenem Deckel

DUTCH OVEN

BÖREK

mit JOGHURT *und* SCHAFSKÄSE

1 kleine Knoblauchzehe 350 g Naturjoghurt (3,5 % Fettgehalt) 2 Eier (Größe M) 150 ml Milch	2 EL Olivenöl Salz 4 EL frische Petersilie 350 g Schafskäse	½ TL frisch gemahlener schwarzer Pfeffer Butter zum Einfetten 300 g Yufka-Teig (aus dem Kühlregal) 1 TL schwarzer Sesam

Eine Glut aus Kohlen oder Briketts vorbereiten.

Den Knoblauch schälen und fein hacken. Den Joghurt mit den Eiern, der Milch und dem Olivenöl verrühren und mit etwas Salz abschmecken. Die Petersilie hacken, den Schafskäse zerbröckeln und mit dem Knoblauch und dem Pfeffer vermischen.

Den Dutch Oven gut mit Butter einfetten. Eine Lage Yufka-Teig in den Topf legen, darauf einen Teil der Joghurtmasse verteilen und wieder mit einer Lage Yufka-Teig bedecken. Auf diese Fläche einen Teil der Schafskäsemasse geben und wieder mit einer Lage Yufka-Teig bedecken. Diesen Vorgang so oft wiederholen, bis Teig und Masse aufgebraucht sind. Die letzte Teigschicht mit der Joghurtmasse bedecken und darauf den schwarzen Sesam streuen.

Den Dutch Oven mit dem Deckel verschließen und ⅔ der heißen Briketts oder Kohlen auf den Deckel legen. Das restliche ⅓ unter dem Gefäß verteilen. Börek etwa 30 Minuten backen.

4 Personen · Dutch Oven (Fassungsvermögen 2–3 Liter)

VEGGIE BURGER

mit TRIPLE CHEESE

Für die Sauce:	Für die Patties:	Für die Garnitur:
200 g Cheddar	200 g Grillkäse (z. B. Halloumi)	100 g Pflücksalat
2 EL Mayonnaise	200 g Kidneybohnen (aus der Dose)	2 große rote Paprika
50 ml Milch	4 EL Panko oder Paniermehl	100 g Austernpilze
1 TL Ahornsirup	1 TL geräuchertes Paprikapulver	Pflanzenöl
½ TL edelsüßes Paprikapulver	1 Ei (Größe S)	Salz
	Salz	frisch gemahlener schwarzer Pfeffer
	frisch gemahlener schwarzer Pfeffer	4 Scheiben Schmelzkäse
		4 helle Buns (Burger-Brötchen)

Für die Sauce Cheddar reiben, mit den übrigen Zutaten in eine Metallschüssel füllen und im heißen Wasserbad erhitzen, mit dem Schneebesen glatt rühren.

Für die Patties den Grillkäse reiben, Kidneybohnen in ein Sieb geben, gut abspülen und abtropfen lassen. Anschließend in eine Schüssel füllen und mit der Gabel fein zerdrücken. Grillkäse und restliche Zutaten hinzufügen und zu einer homogenen Masse vermengen. Mit Salz und Pfeffer abschmecken und 4 Burger-Patties formen.

Den Grill auf 180 °C direkte Hitze vorbereiten.

Salat verlesen, waschen und trocken schleudern. Paprika achteln, entkernen und Trennwände entfernen, waschen und leicht flach drücken. Austernpilze putzen und nach Bedarf klein schneiden. Paprika und Pilze mit etwas Pflanzenöl marinieren, salzen und pfeffern und in einer Grillschale einige Minuten offen grillen.

Die Burger-Patties je 4–5 Minuten von beiden Seiten mitgrillen, in der letzten Minute den Schmelzkäse auf die Patties legen. Die halbierten Burger-Brötchen ebenfalls etwas anrösten.

Die Cheddarsauce auf den Brötchenhälften verteilen, mit Grillgemüse, Salat und den Patties aufschichten.

4 Personen | Temperatur: 180 °C | direkt bei offenem Deckel

Das passt dazu
PILS
CRAFT BEER
CHARAKTER
ausgeprägte, feinherbe Hopfenbittere, schlank
4,0–5,5 Vol.-%

MAULTASCHEN

mit SPINAT-STEINPILZ-FÜLLUNG *und* MÖHREN

Für die Füllung:

150 g frische Steinpilze

1 Knoblauchzehe

Pflanzenöl

700 g TK-Blattspinat

250 g Semmelbrösel

1 Ei (Größe M)

Salz

frisch gemahlener Pfeffer

frisch geriebene Muskatnuss

Für die Maultaschen:

1 Rolle Maultaschenteig (250 g aus dem Kühlregal)

2 verquirlte Eier (Größe M)

Salz

Pflanzenöl

Für die Beilage:

4 Möhren

4 EL heller Aceto balsamico

4 EL flüssiger Honig

Salz

Außerdem:

1 gusseiserne Grillplatte oder Pfanne

Alufolie

Für die Füllung Steinpilze gründlich säubern, gegebenenfalls behutsam waschen und trocken tupfen, anschließend fein würfeln. Knoblauch schälen und hacken. Die Steinpilze mit ½ TL Knoblauch in etwas Öl anbraten. Den aufgetauten Spinat dazugeben und kurz mit anbraten. Die Masse in eine Schüssel geben und mit den Semmelbröseln und Ei vermischen. Mit Salz, Pfeffer und etwas Muskat abschmecken.

Den Teig ausrollen, die Spinatmasse in die Mitte geben und verstreichen. Die Eier mit einer Gabel verquirlen, die Teigenden mit dem gequirlten Ei bestreichen und den Teig zur Maultasche einschlagen. Die Teigränder fest zusammendrücken. Maultaschen in nicht ganz siedendem Salzwasser gar ziehen lassen, bis sie aufsteigen, dann abtropfen lassen.

Den Grill auf 200 °C direkte Hitze vorbereiten.

Maultaschen bei offenem Deckel auf einer gusseisernen Platte oder in der Pfanne mit etwas Öl in ca. 10 Minuten kross backen.

Für die Beilage die Möhren putzen, schälen und waschen. Mit Aceto balsamico, Honig und etwas Salz marinieren. Möhren in Alufolie einschlagen und über indirekter Hitze in ca. 10 Minuten weich grillen.

Tipp
Dazu passt ein Quark-Sahne-Dip, z. B. mit Gartenkresse (siehe Seite 303).

4 Personen | Temperatur: ca. 200 °C | direkt und indirekt bei geschlossenem oder offenem Deckel

DUTCH OVEN

CANNELLONI

mit RICOTTA-SPINAT-FÜLLUNG

Für die Cannelloni:

1 rote Paprika

600 g Ricotta

300 g geriebener Pecorino

2 Eier (Größe M)

Salz

frisch gemahlener schwarzer Pfeffer

12 Cannelloni-Röllchen

Für die Sauce:

1 Zwiebel

1 Knoblauchzehe

1 TL frischer Thymian

2 EL frischer Liebstöckel

500 g Strauchtomaten

½ TL Zucker

500 ml Gemüsebrühe (wahlweise Wasser)

Salz

frisch gemahlener schwarzer Pfeffer

frischer Majoran (nach Belieben)

Eine Glut aus Kohlen oder Briketts vorbereiten.

Für die Cannelloni die Paprikaschote waschen, vom Kerngehäuse befreien und in feine Würfel schneiden. Den Ricotta mit 200 g Pecorino, den Eiern und Paprikawürfeln vermischen. Mit Salz und Pfeffer abschmecken. Anschließend die Cannelloni mit der Ricottamasse füllen.

Für die Sauce die Zwiebel und den Knoblauch schälen und in feine Würfel schneiden. Thymian- und Liebstöckelblättchen waschen, trocken schütteln und fein hacken. Anschließend die Strauchtomaten waschen, den Strunk entfernen, grob würfeln.

Die Tomatenwürfel mit Zwiebel, Knoblauch, Thymian, Liebstöckel, Zucker und Gemüsebrühe (wahlweise 500 ml Wasser) mischen und mit dem Stabmixer fein pürieren. Tomatensauce mit Salz und Pfeffer würzen.

Sauce in den Dutch Oven füllen. Die Cannelloni nebeneinander flach auf die Tomatensauce schichten und mit dem restlichen Pecorino bestreuen.

Den Dutch Oven mit seinem Deckel verschließen, ⅔ der heißen Briketts oder Kohlen auf dem Deckel und ⅓ unter dem Gefäß verteilen. Die Cannelloni in etwa 45 Minuten weich garen.

Nach Belieben vor dem Servieren mit etwas gehacktem Majoranblättern bestreuen.

4 Personen   Dutch Oven (Fassungsvermögen 2–3 Liter)

TOFU-STEAKS

nach SHANDONG-ART

1-2 EL Sesam	1 rote Zwiebel	1–2 Bio-Eiweiß (Größe M)
500 g Räuchertofu	2 Stängel frisches Thai-Basilikum	abgeriebene Schale von 1 Bio-Limette
Salz	1 Stängel frische Minze	**Außerdem:**
1 TL gemahlener Koriander	¼ Bund frisches Koriandergrün	Alufolie
1 TL Currypulver	1 Bund Frühlingszwiebeln	Butter
½ TL Chilipulver	50 g Sojasprossen	
½ TL gemahlener Ingwer	50 g geröstete Erdnüsse	

Sesam in einer Pfanne ohne Öl rösten, dabei immer wieder umrühren, damit nichts anbrennt, anschließend im Mörser fein mahlen. Tofu in feine Würfel schneiden und mit Salz und den Gewürzen marinieren.

Zwiebel schälen und in feine Würfel schneiden. Thai-Basilikum, Minze und Koriander waschen, trocken schütteln, Blätter abzupfen und fein schneiden. Frühlingszwiebeln putzen, waschen, trocken tupfen und ebenfalls in kleine Stücke schneiden. Zwiebel, Kräuter, Frühlingszwiebeln und Sprossen mit dem Tofu gut vermischen.

Erdnüsse fein hacken und unterheben. ca. ⅘ der Masse pürieren, mit der restlichen klein geschnittenen Menge mischen. 1 Eiweiß zugeben und das Ganze zu einer homogenen Masse verarbeiten, gegebenenfalls ein zweites Eiweiß unterarbeiten.

Den Grill auf 250 °C direkte Hitze vorbereiten.

Die Alufolie mit etwas Butter fetten. Aus der Masse 4 Steaks formen und auf den mit Alufolie belegten Grillrost legen. Von jeder Seite ca. 5–7 Minuten goldbraun grillen.

8 Personen | Temperatur: etwa 250 °C | direkt bei offenem Deckel

DESSERTS

Frische Früchte und Co. karamellisieren über dem heißen Grill, und ihre Aromen bringen eine süße Abwechslung zu den sonst eher herzhaften Speisen vom Feuer

GRILLAPFEL-KOMPOTT

mit CRANBERRYS *und* ZIMT

1 Schuss Orangensaft 1 Zimtstange 2 TL Zucker 1 Handvoll frische Cranberrys 50 g Butter	8 aromatische Äpfel (z. B. Cox Orange oder Elstar) Saft und abgeriebene Schale von 1 Bio-Zitrone 1 TL gemahlener Zimt	1–2 EL brauner Zucker 2 EL Calvados (Apfelbrand) **Außerdem:** 1 Grillschale

Orangensaft, Zimtstange und Zucker in eine Pfanne geben und erhitzen, bis der Zucker sich vollständig aufgelöst hat. Canberrys zufügen, kurz köcheln, bis sie aufplatzen, dann die Pfanne beiseitestellen und abkühlen lassen.

Den Grill auf 200 °C direkte Hitze vorbereiten.

Butter in einem kleinen Topf auf dem Rost zerlassen. Äpfel waschen, schälen, vom Kerngehäuse befreien und achteln. Apfelstücke mit der flüssigen Butter, dem Saft und der abgeriebenem Zitronenschale sowie dem Zimt in einer großen Schüssel vermischen.

Marinierte Apfelstücke in einer Grillschale ca. 20 Minuten grillen. Zum Schluss mit braunem Zucker bestreuen, mit dem Calvados übergießen und kurz flambieren.

Äpfel und Cranberrys mischen und z. B. in ein Einmachglas füllen oder nach kurzer Abkühlzeit gleich servieren.

Tipp
Das Kompott mit gerösteten Haselnüssen bestreuen.

4 Personen | Temperatur: 200 °C | direkt bei geschlossenem Deckel

Das passt dazu
EISBOCK
CRAFT BEER
CHARAKTER
malzige Süße
(>7) 8,6–14,3 Vol.-%

GEBRANNTE CREME

mit SALZMANDELN

2 TL Salz 1 Handvoll Mandelkerne 200 ml Milch 1 TL abgeriebene Schale von 1 Bio-Orange	60 g weißer Zucker Mark von 1 Vanilleschote 300 g Sahne 4 Eigelb 60 g brauner Zucker	**Außerdem:** 1 Grillschale 1 Bräter (dünnwandig) 1 Flambierbrenner

Salz in 200 ml Wasser auflösen und die Mandeln darin einweichen. Milch mit Orangenschale, Zucker und Vanillemark kurz aufkochen, vom Herd ziehen, etwas abkühlen lassen. Sahne und Eigelb zufügen. Alles mit dem Schneebesen verquirlen, 10 Minuten stehen lassen.

Den Grill auf 140 °C indirekte Hitze vorbereiten.

Die Masse auf 4 flache ofenfeste Förmchen verteilen und diese in einen Bräter mit heißem Wasser stellen, sodass sie zur Hälfte eingetaucht sind.

Die Mandeln abgießen, in eine Grillschale geben und zusammen mit dem Bräter auf den Grillrost stellen und den Deckel schließen. Nach ca. 50 Minuten sollte die Masse gestockt sein.

Die Schälchen in den Kühlschrank stellen und 2 Stunden auskühlen lassen. Die Mandeln hacken.

Braunen Zucker auf die Creme streuen und mithilfe eines Flambierbrenners zum Schmelzen bringen. Mit den gehackten Salzmandeln bestreuen und servieren.

8 Personen | Temperatur: 140 °C | indirekt bei geschlossenem Deckel

Das passt dazu

WEISSBIER + CASCADE

CRAFT BEER

CHARAKTER
weizen- und hopfenaromatisch, fruchtig, frische Hefenote, Citrusaroma

4,0–5,5 Vol.-%

MARONEN-CREME

mit SCHLAGSAHNE

300 g Maronen (Esskastanien mit Schale) Mark von 1 Vanilleschote	200 g Sahne 2 EL Puderzucker 4 EL Irish-Cream-Sahnelikör	**Außerdem:** 1 Grillschale oder Grillkorb

Den Grill auf 200 °C direkte Hitze vorbereiten.

Maronen gut waschen, kreuzweise einritzen und für ca. 25 Minuten in einer Grillschale oder einem -korb bei aufgelegtem Deckel grillen. Ab und zu mit etwas Wasser besprühen und hin und her bewegen.

Die gegarten Maronen schälen, noch warm in eine hohe Schüssel füllen und unter Zugabe von etwas Wasser und dem Vanillemark mit dem Mixstab schön glatt pürieren.

In einer anderen Schüssel die Sahne sehr steif schlagen und Puderzucker untermixen. Mit einem Kochlöffel und unter Zugabe vom Likör die beiden Massen miteinander vermengen und gegebenenfalls nachsüßen. In Gläschen füllen und kalt stellen.

Tipp
Wenn Kinder mitessen, den Likör einfach weglassen.

4 Personen | Temperatur: 200 °C | direkt bei geschlossenem Deckel

Das passt dazu
BOCK, DUNKEL
CRAFT BEER
CHARAKTER
vollmundig,
malzbetont,
feine Hopfennote
6,0–8,0 Vol.-%

SCHOKOLADEN-BANANEN

mit VANILLEEIS

4 Bananen	200 g Vollmilchschokolade	Vanilleeis (nach Belieben)

Die Bananen ungeschält lassen und jeweils behutsam der Länge nach einschneiden.

Die Schokolade in grobe Stücke brechen und die Stücke jeweils in die Einschnitte der Bananen stecken.

Den Grill auf 200 °C direkte Hitze vorbereiten.

Die Bananen auf der Schalenseite mit der Schokoladenseite nach oben auf den Grillrost legen und bei geschlossenem Deckel grillen, bis die Schokolade geschmolzen ist. So lassen sich die Bananen bequem auslöffeln.

Dazu schmeckt eine Kugel Vanilleeis oder auch zwei.

Tipp
Wen man es nicht ganz so süß mag, kann auch alternativ eine dunkle Schokolade verwendet werden.

4 Personen | Temperatur: ca. 200 °C | direkt bei geschlossenem Deckel

BRATAPFEL

mit MANDELN *und* MARZIPAN

100 g gemahlene Mandeln	1 EL Rum	**Außerdem:**
50 g Marzipan	1 EL Orangenmarmelade	Grillblech
20 g Rosinen	4 Äpfel	

Die Mandeln mit Marzipan, Rosinen, Rum und Orangenmarmelade vermengen. Die Äpfel waschen und trocken tupfen. Mit einem Apfelausstecher das Kerngehäuse entfernen und die Äpfel aushöhlen. Äpfel mit der Mandelmasse füllen und auf ein Blech setzen.

Den Grill auf 200 °C indirekte Hitze vorbereiten.

Die Äpfel bei geschlossenem Deckel in ca. 30 Minuten weich grillen.

Tipp
Dazu Vanillesauce oder einen Weinschaum servieren.

4 Personen | Temperatur: 200 °C | indirekt bei geschlossenem Deckel

MARSHMALLOW-SPIESSE

mit GERASPELTER SCHOKOLADE *und* ERDBEEREN

500 g frische Erdbeeren 50 g dunkle Schokolade 16 Marshmallows	1 Handvoll frisches Basilikum oder Minze	**Außerdem:** 1 Grillschale 8 Grillspieße

Den Grill auf 200 °C direkte Hitze vorbereiten.

Die Erdbeeren putzen, behutsam waschen und trocken tupfen. Dunkle Schokolade klein raspeln.

Die Marshmallows in einer Grillschale ohne Deckel bis zum gewünschten Bräunungsgrad rösten, anschließend vom Feuer nehmen und etwas abkühlen lassen.

Die gerösteten Marshmallows abwechselnd mit frischen Erdbeeren und ein paar Kräuterblättchen aufspießen sowie in geraspelter Schokolade wälzen.

Tipp
Anstatt die Spieße in Schokoraspeln zu wälzen, können sie auch mit Ahornsirup beträufelt werden.

4 Personen | Temperatur: 200 °C | direkt bei offenem Deckel

Das passt dazu
BOCK, DUNKEL
CRAFT BEER
CHARAKTER
vollmundig,
malzbetont,
feine Hopfennote
6,0–8,0 Vol.-%

HONIG-FEIGEN

mit PISTAZIEN

4 getrocknete Feigen	50 ml Weißwein	**Außerdem:**
8 frische Feigen	1 EL Butter	Backpapier
100 g Pistazienkerne	1 EL frischer Thymian	hitzebeständige Küchenschnur
4 EL flüssiger Honig		

Die getrockneten Feigen in Scheiben schneiden, frische Feigen halbieren. Getrocknete und frische Feigen mittig auf ein großes Stück Backpapier legen. Pistazien hacken und darüber streuen. Honig, Weißwein und Butter daraufgeben. Thymian waschen, trocken schütteln, fein hacken und ebenfalls darüber verteilen.

Dass Backpapier zu einem Päckchen falten und oben mit der Schnur verschließen.

Den Grill auf 180 °C indirekte Hitze vorbereiten.

Feigen bei geschlossenem Deckel ca. 15 Minuten grillen.

Tipp
Dazu Eis oder Sorbet servieren.

4 Personen | Temperatur: ca. 180 °C | indirekt bei geschlossenem Deckel

GEGRILLTE ANANAS

mit ORANGEN-JOGHURT

Für den Joghurt:

1 Bio-Orange

1 Yuzu (jap. Zitrusfrucht)

250 ml griechischer Joghurt (alternativ Sojajoghurt)

2 EL Agavendicksaft

1 Tonkabohne (in gut sortierten Supermärkten und Apotheken)

Mark von 1 Vanilleschote

Außerdem:

1 große Ananas

2 EL brauner Zucker

frische Minze

Den Grill auf 240 °C direkte Hitze vorbereiten.

Für den Joghurt die Orangenschale abreiben. Yuzu und Orange auspressen. Joghurt, Agavendicksaft, den ausgepressten Orangensaft, die Zitronenschale und 1 EL Yuzusaft in eine Schüssel geben. Die Tonkabohne fein reiben und das Mark der Vanilleschote zum Joghurt geben. Alles gut miteinander verrühren.

Das Grün der Ananas entfernen. Ananas der Länge nach sechsteln und das holzige Innere herausschneiden.

Die Fruchtstücke nun bei ca. 240 °C und offenem Deckel von jeder Seite ca. 1 Minute direkt grillen, mit dem Zucker bestreuen und ca. 10 Sekunden karamellisieren lassen. Die Ananas auf die Schalenseite drehen und für ungefähr 2 Minuten bei geschlossenem Deckel ziehen lassen.

Die gegrillten Ananasstücke auf einem Teller anrichten und den Joghurt behutsam darübergeben. Mit etwas Minze garnieren und sofort servieren.

Tipp
Wenn als süße Hauptspeise gedacht: Alle Mengen mindestens verdreifachen.

6 Personen | Temperatur: ca. 240 °C | direkt bei offenem und geschlossenem Deckel

APFELTARTE

mit WALNUSS-HONIG-ZIEGENKÄSE-DIP

Für den Walnuss-Honig-Ziegenkäse-Dip:

30 g Walnusskerne

1 EL Zucker

150 g Ziegenfrischkäse (wahlweise Quark)

1 EL milder, flüssiger Honig

1 Prise gemahlener Zimt

1 EL Zitronensaft

Für die Tarte:

Mark von 1 Vanilleschote

3–4 Äpfel (z. B. Elstar)

3–4 EL Zucker

abgeriebene Schale von 1 Bio-Zitrone

3 Msp. geriebener Ingwer

1 Zweig frischer Rosmarin

40 g Butter

Blätterteig (aus dem Kühlregal)

Außerdem:

gusseiserne Pfanne (wahlweise Springform mit ø 24 cm)

Für den Dip die Walnusskerne grob hacken, mit dem Zucker in einer Pfanne kurz anrösten und ein wenig abkühlen lassen. In einer Schüssel den Ziegenfrischkäse mit Honig, den angerösteten Walnusskernen, Zimt und Zitronensaft kurz verrühren; abdecken und in den Kühlschrank stellen.

Für die Tarte die Vanilleschote öffnen und ca. ¼ des Marks mit einem spitzen Messer herauskratzen. Die Äpfel schälen, vierteln, entkernen und in ca. 0,5 cm dicke Scheiben schneiden. Apfelscheiben in einer Schüssel mit 1–2 EL Zucker, Vanillemark, 3–4 Messerspitzen Zitronenschale und Ingwer mischen. Den Rosmarin waschen, trocken tupfen, ein paar Nadeln abzupfen und diese unter die Äpfel mischen.

Die gusseiserne Pfanne mit etwas Butter ausstreichen und mit dem übrigen Zucker ausstreuen. Den Blätterteig auf der Arbeitsfläche ausbreiten, die Teigplatte mit der Gabel leicht einstechen und passend zum Pfannendurchmesser ausschneiden. Die marinierten Apfelscheiben dicht nebeneinander und fächerförmig in die Pfanne legen. Restliche Butter in kleinen Stückchen auf den Äpfeln verteilen und mit dem Blätterteig bedecken.

Den Grill auf 200–220 °C indirekte Hitze vorbereiten.

Die Pfanne auf den Grillrost stellen, den Deckel schließen. Nach ca. 25–30 Minuten die goldbraun gebackene Tarte herausnehmen und auf einen Teller stürzen.

Die Tarte lauwarm mit dem Dip servieren.

4 Personen | Temperatur: 200–220 °C | indirekt bei geschlossenem Deckel

RHABARBER-CRUMBLE

mit SÜSS-SAURER NOTE

Für die Fruchtschicht:

600 g Rhabarber

80 g Vanillezucker

Für den Crumble:

100 g Mehl

100 g Zucker

50 g Haferflocken

90 g zimmerwarme Butter

1 TL gemahlener Zimt

Außerdem:

4 feuerfeste Formen

Für die Fruchtschicht den Rhabarber putzen, waschen und gegebenenfalls harte Außenfäden abziehen. In grobe Stücke schneiden und mit Vanillezucker in einer Schüssel mischen. 10 Minuten marinieren lassen, dann in 4 feuerfeste Formen füllen.

Für den Crumble Mehl, Zucker, Haferflocken, Butter und Zimt vermengen, bis ein lockerer Teig entsteht. Zwischen Fingerkuppen zu Streuseln zerreiben und auf dem Rhabarber verteilen.

Den Grill auf 200 °C indirekte Hitze vorbereiten.

Den Rhabarber-Crumble bei geschlossenem Deckel ca. 40 Minuten backen.

4 Personen | Temperatur: ca. 200 °C | indirekt bei geschlossenem Deckel

ZITRONENKUCHEN

mit HIMBEEREN, HASELNÜSSEN *und* FRISCHKÄSE

125 g zimmerwarme Butter	1 TL Backpulver	**Außerdem:**
150 g Frischkäse	50 g gemahlene Haselnüsse	4 feuerfeste Silikonbackformen
125 g Puderzucker	Saft und abgeriebene Schale von 1 Bio-Zitrone	
2 Eier (Größe M)	100 g aufgetaute TK-Himbeeren	
150 g Mehl		

Butter und Frischkäse in einer Schüssel cremig rühren. Puderzucker dazusieben und unterrühren. Eier hinzufügen und ebenfalls unterrühren. Mehl, Backpulver und Haselnüsse in einer zweiten Schüssel mischen, anschließend portionsweise unter die Butter-Ei-Masse arbeiten. Zum Schluss Zitronenschale und -saft unterheben. Dann behutsam die Himbeeren einarbeiten.

Den Grill auf 180 °C indirekte Hitze vorbereiten.

Den Kuchenteig in feuerfeste Silikonformen füllen und bei geschlossenem Deckel ca. 30 Minuten backen.

Tipp
Diese kleinen Küchlein schmecken auch gut mit TK-Blaubeeren oder den ersten frischen Erdbeeren der Saison.

4 Personen | Temperatur: ca. 180 °C | indirekt bei geschlossenem Deckel

BIRNEN IN BLÄTTERTEIG

mit MANDELN *und* MARSHMALLOWS

2 Birnen 20 g Rosinen Zucker gemahlener Zimt Rum	150 g Marshmallows 150 g Mandelblätter 1 Rolle Blätterteig (aus dem Kühlregal) 2 Eier (Größe M)	**Außerdem:** 1 Schamottstein

Den Grill mit dem Schamottstein auf 250 °C vorheizen.

Birnen schälen, entkernen und grob in eine Schüssel raspeln. Rosinen hinzufügen, die Masse mit Zucker, Zimt und Rum abschmecken.

Marshmallows klein schneiden und mit den Mandelblättern unter die Birnen heben. Blätterteig ausbreiten und in 4 Stücke schneiden. Die Birnenmasse jeweils mittig auf dem Blätterteig verteilen.

Eier verquirlen und die Blätterteigränder damit einstreichen. Blätterteig einschlagen und die Ränder fest andrücken. Die Teigtaschen auf dem Schamottstein bei geschlossenem Deckel 30 Minuten backen.

Tipp
Die Taschen schmecken auch mit geraspelten Äpfeln sehr gut.

4 Personen | Temperatur: ca. 250 °C | direkt bei geschlossenem Deckel auf dem Schamottstein

KAISERSCHMARRN

mit CRANBERRY-SAUCE

Für die Cranberry-Sauce:	**Für den Kaiserschmarrn:**	3 EL Zucker
1 Bio-Orange	200 ml Milch	50 g Butterschmalz
100 g Zucker	5 Eier (Größe M)	etwas Puderzucker
250 g frische oder TK-Cranberrys	120 g Mehl	50 g dunkle Schokolade
ggf. 1 TL Speisestärke	1 TL abgeriebene Schale von 1 Bio-Zitrone	**Außerdem:**
	Salz	1 feuerfeste Pfanne

Für die Cranberrysauce Orange waschen und trocken reiben. Schale abreiben und den Saft auspressen. Saft und Schale in einem Topf erhitzen, Zucker und Cranberrys zufügen und kurz aufkochen. Die Stärke in Wasser auflösen und unterrühren. Vollständig auskühlen lassen.

Für den Kaiserschmarrn Milch, 2 ganze Eier, Mehl, Zitronenschale und 1 Prise Salz glatt verrühren. Restliche Eier trennen. Eiweiß und 2 EL Zucker halb steif schlagen. Eischnee, Eigelbe und den Mehl-Mix behutsam miteinander vermengen, 10 Minuten ruhen lassen.

Inzwischen den Grill auf 200 °C und indirekte Hitze vorbereiten.

Eine Eisenpfanne auf den Rost stellen, Butterschmalz erhitzen und die Teigmasse hineingießen. Bei geschlossenem Deckel ca. 15 Minuten backen. Anschließend den Teig mit 2 Gabeln in Stücke zerteilen, mit dem restlichen EL Zucker bestreuen und nochmals ca. 5 Minuten backen.

Zum Servieren mit dem Puderzucker bestäuben. Grob gehackte Schokolade unter die Cranberrysauce mischen und dazureichen.

Tipp
Eine zusätzliche Kugel Eis macht sich zu einem frischen Kaiserschmarrn immer gut.

4 Personen | Temperatur: 200 °C | indirekt bei geschlossenem Deckel

Das passt dazu
KRISTALLWEIZEN
CRAFT BEER
CHARAKTER
weizenaromatisch, teilweise angenehm blumig oder fruchtig
4,5–5,5 Vol.-%

DUTCH OVEN

MANGO-CRUMBLE

mit SCHOKOLADENSTREUSELN

250 g Dinkelmehl	1 EL Backkakao (pures Kakaopulver)	50 ml weißer Portwein
125 g weiche Butter	1 Eigelb	Blaubeeren (nach Belieben)
140 g brauner Zucker	3 reife Mangos	

Eine Glut aus Kohlen oder Briketts vorbereiten.

Dinkelmehl mit Butter, 125 g braunem Zucker, Kakaopulver und Eigelb zu einem Crumble-Teig verkneten. Mangos schälen, vom Kern befreien, grob würfeln und mit dem restlichen braunen Zucker bestreuen.

Die Mangos in den Dutch Oven schichten und mit dem Portwein übergießen. Anschließend den Crumble-Teig gleichmäßig darüberstreuen.

Den Dutch Oven mit dem Deckel verschließen und ⅔ der heißen Briketts oder Kohlen auf diesem verteilen. Das restliche ⅓ unter dem Topf platzieren und den Crumble ca. 20 Minuten backen.

Den Mango-Crumble zum Servieren nach Belieben mit Blaubeeren garnieren.

Tipp
Der Crumble gelingt auch sehr gut mit anderen Früchten, beispielsweise Birnen, Rhabarber oder Äpfeln.

4 Personen | Dutch Oven (Fassungsvermögen ca. 2 Liter)

SCHMAND-TARTE

mit BASILIKUM-ERDBEEREN

Für die Füllung:

250 g Crème fraîche

3 Eigelb (Größe M) und 1 ganzes Ei (Größe M)

110 g Zucker

20 g Puddingpulver (mit Vanillegeschmack)

Mark von 1 Vanilleschote

etwas abgeriebene Schale von 1 Bio-Zitrone

etwas abgeriebene Schale von 1 Bio-Orange

Für den Mürbeteig:

125 g weiche Butter plus Butter für die Form

75 g Zucker

1 Prise Salz

1 Eigelb (Größe M)

230 g Mehl

Für den Fruchtsalat:

500 g Erdbeeren

6 Stiele frisches Basilikum

Zitronenlikör

Zucker

Außerdem:

1 feuerfeste Tarte-Backform (Ø 26 cm)

Für die Füllung Crème fraîche mit Eigelben, ganzem Ei, Zucker, Puddingpulver und Vanillemark in einer Schüssel glatt verrühren. Mit etwas Zitronen- und Orangenschale abschmecken.

Für den Mürbeteig Butter mit Zucker, Salz und Eigelb mit dem Handmixer (Rührbesen) schaumig schlagen. Mehl dazusieben und alles zu einem geschmeidigen Teig verkneten. Tarte-Form mit etwas Butter fetten, den Mürbeteig dünn ausrollen und in die Form legen.

Für den Fruchtsalat die Erdbeeren putzen, waschen, trocken tupfen und vierteln. Basilikum waschen, trocken schütteln und Blätter abzupfen. Blätter gegebenenfalls etwas kleiner zupfen. Erdbeeren mit etwas Zitronenlikör, Zucker und Basilikum mischen.

Den Grill auf 200 °C indirekte Hitze vorbereiten.

Die Füllung auf den Mürbeteig geben und verstreichen. Die Tarte bei geschlossenem Deckel grillen, bis die Schmandmasse fest wird (ca. 30–40 Minuten). Erdbeersalat dazureichen.

Tipp
Außerhalb der Erdbeersaison kann jede andere Beere hergenommen werden, oder auch gemischte.

1 Tarte (Ø 26 cm) | Temperatur: ca. 200 °C | indirekt bei geschlossenem Deckel

BEILAGEN

Von vielfältigen Salatkreationen über frisches Brot bis hin zu würzigen Dips – perfekte Begleiter, die das Grillen ideal abrunden und ein gewisses Extra verleihen

STOCKBROT

nach KLASSISCHER ART

115 ml Milch	1 TL Zucker	**Außerdem:**
1 Pck. Trockenhefe (7 g)	1 TL Salz	4–8 frische Holzstöcke (z. B. vom Weiden- oder Nussbaum)
400 g Weizenmehl	2 EL Olivenöl	

115 ml Wasser mit der Milch lauwarm erwärmen. In eine Schüssel geben und die Hefe darin auflösen. Mehl, Zucker, Salz in einer großen Schüssel mischen. Hefemischung und Olivenöl zufügen. Mit der Hand oder Küchenmaschine zu einem geschmeidigen Teig verkneten. Den Teig bestenfalls 8 Stunden, mindestens aber 4 Stunden zugedeckt in einer Schüssel gehen lassen.

Den Grill auf 250–300 °C direkte Hitze vorbereiten.

Teig in 4 Portionen teilen und auf einer bemehlten Arbeitsfläche ausrollen, anschließend in lange Streifen schneiden und die Holzstöcke damit auf einer Länge von ca. 30 cm schneckenförmig umwickeln. Nochmals mit etwas Mehl bestäuben. Weitere 10 Minuten gehen lassen.

Bei offenem Deckel backen, dabei mehrfach wenden, sodass eine gleichmäßige Bräunung entsteht.

Tipp
Klein gehackte getrocknete Tomaten oder Oliven in den Teig einarbeiten. Dazu schmeckt eine Kräuterbutter.

4 Personen Temperatur: 250–300 °C | direkt bei offenem Deckel

Das passt dazu
HELL/LAGER
CRAFT BEER
CHARAKTER
feinwürzig, leicht,
vollmundig, mild
4,5–5,5 Vol.-%

LAVENDEL-PIZZA

mit ZITRONE

500 g Mehl plus etwas für die Arbeitsfläche	1 TL getrocknete Lavendelblüten	grob geschroteter schwarzer Pfeffer
1 TL Salz	4 EL Olivenöl	**Außerdem:**
½ frischer Hefewürfel (21 g)	2 Bio-Zitronen	Grillblech
1 Prise Zucker	Meersalz	

Das Mehl mit Salz in eine Schüssel sieben und eine Mulde formen. Hefe und 1 Prise Zucker mit 250 ml lauwarmem Wasser verrühren. In die Mehlmulde gießen, mit einem Tuch abdecken und 15 Minuten ruhen lassen. Die Lavendelblüten in einem Mörser kräftig zerreiben.

Den Vorteig mit Lavendel und 1 EL Olivenöl zu einem glatten Teig verarbeiten. Nochmals 15 Minuten zugedeckt ruhen lassen. Inzwischen die Zitronen heiß waschen, mit Küchenpapier trocken reiben und in sehr dünne Scheiben schneiden. Zitronenscheiben vierteln.

Den Grill auf 200 °C indirekte Hitze vorbereiten.

Ein Blech mit 1 EL Olivenöl bestreichen. Den Teig auf einer bemehlten Arbeitsfläche auswellen und in das Backblech einpassen. Mit den Zitronenscheiben belegen und diese insgesamt mit 2 EL Olivenöl bestreichen. Mit Meersalz und Pfeffer würzen.

Die Pizza bei aufgelegtem Deckel ca. 25 Minuten backen. Anschließend in kleine Stücke schneiden.

1 Backblech (45 x 37 cm) | Temperatur: 200 °C | indirekt bei geschlossenem Deckel

DUTCH OVEN

SESAMBROT

mit LAUCH-BERGKÄSE-FÜLLUNG

500 g Weizenmehl 1 Pck. Trockenhefe (7 g) 2 TL heller Sesam 1 TL Salz	1 TL Zucker 100 ml Olivenöl plus etwas mehr zum Einfetten ½ Stange Lauch 200 g Bergkäse	1 EL flüssiger Honig frisch gemahlener schwarzer Pfeffer 2 TL schwarzer Sesam

Eine Glut aus Kohlen oder Briketts vorbereiten.

Mehl mit Trockenhefe, hellem Sesam, Salz und Zucker vermengen. Olivenöl und 250 ml lauwarmes Wasser nach und nach unter den Teig mischen. Danach den Teig mit der Hand oder Maschine so lange kneten, bis er sich vom Schüsselrand löst. Ungefähr 45 Minuten abgedeckt gehen lassen.

Den Lauch waschen, in dünne Ringe schneiden und den Bergkäse würfeln. Lauch und Käse mit dem Honig und einer Prise Pfeffer vermischen.

Den Teig auf einer leicht bemehlten Fläche nochmals gut durchkneten und zu einer Kugel formen. In die Kugel eine Mulde drücken und die Käse-Lauch-Füllung in die Mulde geben. Anschließend den Teig um die Füllung gut verschließen.

Den Dutch Oven von innen mit Olivenöl einfetten. Die Teigkugel in den Topf legen, mit Olivenöl einpinseln und mit dem dunklen Sesam bestreuen. Teig im Topf nochmals 15 Minuten gehen lassen. Anschließend den Dutch Oven mit dem Deckel verschließen und ⅔ der heißen Briketts oder Kohlen darauflegen. Das restliche ⅓ unter dem Topf verteilen. Das Brot ca. 25 Minuten backen.

4 Personen Dutch Oven (Fassungsvermögen ca. 2–3 Liter)

NAAN-BROT

nach INDISCHER ART

100 ml Milch ¼ frischer Hefewürfel (10 g) ½ TL Zucker	100 g Naturjoghurt (3,5 % Fettgehalt) 250 g Weizenmehl ½ TL Backpulver	½ TL Salz **Außerdem:** Grillblech

Die Milch lauwarm erwärmen und in eine Schüssel gießen, Hefe hineinbröckeln und darin auflösen. Zucker und Joghurt zufügen, mit dem Schneebesen glatt rühren. Mehl, Backpulver und Salz in einer zweiten Schüssel mischen. Beides zusammenfügen und mit den Knethaken des Handrührgeräts zu einem glatten Teig verarbeiten. 1 Stunde zugedeckt ruhen lassen.

Den Grill auf 200 °C direkte Hitze vorbereiten.

Aus dem Teig 6 Kugeln formen und auf einer bemehlten Arbeitsfläche dünn ausrollen. Nochmals 15 Minuten abgedeckt gehen lassen.

Bei offenem Deckel die Fladen ohne Zugabe von Fett von jeder Seite 1–2 Minuten backen, bis sich Blasen bilden.

6 Brote | Temperatur: 200 °C | direkt bei offenem Deckel

BUNS

für den PERFEKTEN BURGER

150 ml Milch	60 g weiche Butter	**Außerdem:**
½ frischer Hefewürfel (21 g)	2 Eier (Größe M) und 1 Eigelb	1 Grillplatte
2 EL Zucker	½ TL Salz	
480 g Weizenmehl	Pflanzenöl	

Milch mit 50 ml Wasser lauwarm erwärmen und in eine Schüssel gießen. Hefe hineinbröckeln und darin auflösen, Zucker zufügen und das Ganze mit dem Schneebesen glatt verrühren.

Die Hälfte des Mehls, Butter und 2 Eier zufügen und die Zutaten mit dem Handmixer zu einem glatten Teig vermengen. Schließlich restliches Mehl und Salz zugeben, alles zu einem glatten Teig verarbeiten und diesen abgedeckt 1 Stunde an einem warmen Ort gehen lassen.

Nach der ersten Ruhephase den Teig aus der Schüssel nehmen, dehnen und zweimal zur Mitte hin falten, anschließend mit etwas Pflanzenöl bestreichen, nochmals 1 Stunde abgedeckt in der Schüssel gehen lassen.

Den Grill oder den Backofen auf 200 °C und indirekte Hitze vorbereiten.

Das Eigelb verquirlen. Den Teig in 8 Portionen teilen, jeweils nochmals dehnen und zur Mitte hin falten. Mit dem Verschluss nach unten drehen und mit der flachen Hand rund rollen.

Die Teigstücke mit etwas Abstand auf ein Backblech oder eine ebene Grillplatte legen, mit dem Eigelb bestreichen und 15 Minuten bei aufgelegtem Deckel backen.

Tipp
Vor dem Backen die Burger-Brötchen mit etwas Sesam bestreuen. Die Buns lassen sich auch hervorragend als Brot zu Fleisch essen.

4 Personen | Temperatur: 200 °C | indirekt bei geschlossenem Deckel

ZOPFBROT

mit ZWIEBEL-TOMATEN-FÜLLUNG

Für den Teig:

600 g Mehl

2 TL Salz

2 TL Zucker

1 frischer Hefewürfel (42 g)

200 g Frischkäse

Für die Füllung:

6 mittelgroße rote Zwiebeln (500 g)

100 g getrocknete Tomaten

125 g Butter

2–3 EL Tomatenmark

Außerdem:

Backblech (45 x 37 cm)

Für den Teig das Mehl mit Salz und Zucker in einer großen Schüssel vermengen. Die Hefe in 250 ml lauwarmes Wasser bröckeln, unter Rühren darin auflösen und zum Mehl gießen. Den Frischkäse hinzufügen und einen glatten Teig kneten. Zur Kugel formen und, mit einem Küchentuch bedeckt, rund 30–60 Minuten gehen lassen.

In der Zwischenzeit die Füllung zubereiten. Zwiebeln schälen und mit den Tomaten fein würfeln, 2 EL Butter in einer großen Pfanne erhitzen und die Gemüsewürfel darin bei mittlerer Hitze anschwitzen. Langsam mehr Butter hinzugeben, sodass Zwiebeln und Tomaten immer von flüssiger Butter umgeben sind. Tomatenmark zufügen und den Zwiebel-Tomaten-Mix bei kleiner bis mittlerer Hitze rund 20–25 Minuten in der geschlossenen Pfanne garen. Zwischendurch immer wieder umrühren.

Den Grill auf 170–180 °C indirekte Hitze vorbereiten.

Der Teig zu zwei großen, rechteckigen Teigfladen (ca. in der Größe des Backblechs) ausrollen. Jeweils dünn mit der Zwiebel-Tomaten-Butter bestreichen. Teigfladen wie eine Schnecke aufrollen, die Enden gut andrücken.

Die beiden Teigrollen längs von oben nach unten in zwei oder drei Stränge teilen und zu einem Zopf formen, die Enden wieder gut andrücken. Diesen Vorgang am besten gleich auf dem mit Backpapier belegten Blech durchführen, damit die Teigzöpfe beim Umlegen auf das Backblech ihre Form behalten.

Die Brote bei aufgelegtem Deckel ca. 5 Minuten backen. Lauwarm abkühlen lassen und, in Scheiben geschnitten, frisch servieren.

2 Brote | Temperatur: 170-180 °C | indirekt bei geschlossenem Deckel

DUTCH OVEN

WEIZENBIERWAFFELN

mit MAJORAN *und* SPECK

200 g Weizenmehl 1 TL Backpulver 1 TL Salz 1 TL getrockneter Majoran	Zucker frisch gemahlener schwarzer Pfeffer 250 ml Weizenbier 4 Eier (Größe M)	9 EL Pflanzenöl 80 g gewürfelter Speck **Außerdem:** Gusseisernes Waffeleisen

Eine Glut aus Kohlen oder Briketts vorbereiten.

Weizenmehl mit Backpulver, Salz, Majoran, je einer Prise Zucker und Pfeffer in einer Rührschüssel vermischen. Weizenbier, Eier, 8 EL Pflanzenöl und den Speck hinzugeben und alles zu einem geschmeidigen Teig verrühren.

Das Waffeleisen mit dem restlichen Öl einreiben und in der heißen Glut gut erhitzen. Einen Schöpflöffel des Teiges in das Waffeleisen geben.

Das Eisen gut verschließen und in die heiße Glut legen oder halten. Nach etwa 2 Minuten drehen und weitere 2 Minuten garen. Die Waffeln sollen goldgelb sein.

Tipp
Die Waffeln mit angebratenen Frühlingszwiebeln sowie Speckwürfeln garnieren und Sauerrahm dazureichen.

4 Personen · Gusseisernes Waffeleisen

TOMATEN-PAPRIKA-FOCCACIA

mit KRÄUTERN

Für den Teig: 500 g Weizenmehl (Type 405) 2 TL Salz 4 EL Olivenöl	1 frischer Hefewürfel (42 g) 1 TL Zucker **Für die Füllung:** 300 g Kirschtomaten	100 g Mini-Paprika 3–5 EL Olivenöl 3–4 Zweige frischer Thymian und frischer Oregano Salz

Für den Teig das Mehl in eine große Schüssel sieben. Salz und Olivenöl hinzufügen und kurz vermengen. Die Hefe in 300 ml lauwarmes Wasser bröckeln, den Zucker hinzufügen und die Hefe unter Rühren darin auflösen. Das Hefe-Gemisch zum Mehl geben und einen glatten Teig daraus kneten. Den Teig zur Kugel formen und an einem warmen Ort mindestens 1 Stunde gehen lassen, besser länger.

In der Zwischenzeit die Kirschtomaten waschen und halbieren, die Paprika putzen, waschen und in sehr dünne Scheiben schneiden.

Den Teig nochmals gut durchkneten und auf einer bemehlten Arbeitsfläche zu einem großen, ovalen Teigfladen ausrollen.

Diesen anschließend auf ein mit Backpapier belegtes Blech setzen. Mit der Stielseite eines Holzlöffels kleine Mulden in den Teigfladen drücken und die Kirschtomaten und Paprikastücke in den Teig hineindrücken. Teig, mit einem Küchentuch bedeckt, weitere 20 Minuten bei Raumtemperatur gehen lassen.

Den Backofen auf 175°C (Umluft) vorheizen. Das Gemüse eventuell nochmals fest in den Teig drücken, das Olivenöl auf der Oberfläche verteilen. Die Focaccia im heißen Ofen etwa 35 Minuten backen, rund 10 Minuten vor Ende der Backzeit die Kräuter im Ganzen darüberstreuen und für das Aroma noch kurz mitbacken. Die Focaccia aus dem Ofen nehmen und direkt nach dem Backen mit etwas Salz bestreuen, die Kräuter entfernen.

1 großes Brot | Temperatur: 175°C | Umluft

BREZENKNÖDEL

nach BAYERISCHER ART

4 Brezen vom Vortag	200 ml Milch	2 Eier (Größe M)
1 Zwiebel	1 TL Salz	etwas Butter
Pflanzenöl	etwas frisch geriebene Muskatnuss	

Die Brezen in 1 cm große Stücke schneiden und in eine Schüssel legen. Die Zwiebel abziehen, fein hacken und in etwas Pflanzenöl anschwitzen. Diese zu den Brezenstücken geben. Die Milch mit Salz und Muskatnuss aufkochen, die Eier verschlagen und beides mit den Brezenstücken locker vermengen.

2 Blätter Alufolie mit Frischhaltefolie belegen. Knödelmasse auf die beiden Folienstücke verteilen, zu Rollen formen (5 cm Durchmesser) und einwickeln. An den Enden fest verdrehen. Die Rollen ca. 30 Minuten in leicht köchelndem Wasser garen. Vollständig auskühlen lassen.

Den Grill auf 150 °C direkte Hitze vorbereiten.

Zum Grillen die Rollen in ca. 1 cm dicke Scheiben schneiden, Butter zerlassen und die Scheiben damit bestreichen. Bei mittlerer Hitze grillen, bis die Scheiben die gewünschte Bräunung erreichen.

Tipp
Wer mag, gibt noch etwas fein gewürfelten Speck und gehackte Kräuter in die Knödelmasse.

4 Personen | Temperatur: 150 °C | direkt bei offenem Deckel

BAKED BEANS

in WÜRZIG-PIKANTER SAUCE

1 kleine Zwiebel 2 EL Pflanzenöl 1 TL brauner Zucker ½ TL geräuchertes Paprikapulver 2 EL Aceto balsamico	1 Dose Cannellini-Bohnen (Füllgewicht 800 g) 1 Dose gehackte Tomaten (Füllgewicht 400 g) Worcestersauce	Salz frisch gemahlener Pfeffer **Außerdem:** 1 Grillschale

Zwiebel schälen, fein würfeln und mit Pflanzenöl, Zucker und geräuchertem Paprikapulver in einer Pfanne glasig anschwitzen. Mit Aceto balsamico ablöschen und etwas einköcheln lassen.

Den Grill sowohl auf 180 °C direkte als auch indirekte Hitze vorbereiten.

Cannellini-Bohnen mit etwas Dosenflüssigkeit in eine Pfanne geben, dann Tomaten und etwas Worcestersauce zufügen. Direkt und ohne Deckel 5 Minuten köcheln lassen, mit Salz und Pfeffer abschmecken.

Die Bohnen in eine große Grillschale geben und bei geschlossenem Deckel ca. 45 Minuten indirekt backen bzw. grillen.

Tipp

Die ideale Ergänzung zu lange gegartem Schweinefleisch, wie Pulled Pork oder aber auch zu Weißbrot mit aromatischer Kräuterbutter (siehe Seite 304).

8 Personen | Temperatur: 180 °C | direkt und indirekt bei offenem bzw. geschlossenem Deckel

KARTOFFELPOMMES

in DREI MARINADEN

Für die Pommes:

1–1,5 kg festkochende Kartoffeln

Salz

Für die Curry-Honig-Marinade:

4 EL Erdnussöl

1 TL Currypulver

½ TL Kurkumapulver

1 TL flüssiger Honig oder Ahornsirup

Für die Smoked-Paprika-Marinade:

4 EL Pflanzenöl

1–2 TL geräuchertes Paprikapulver

1 TL flüssiger Honig bzw. Ahornsirup

1 Msp. Chiliflocken (nach Belieben)

Für die Rosmarin-Thymian-Basilikum-Marinade:

4 EL Olivenöl

1 TL getrocknetes Basilikum

1 TL getrockneter Rosmarin

1 TL getrockneter Thymian

1 TL flüssiger Honig

Die Kartoffeln schälen, in möglichst gleichmäßig große Stifte schneiden und rundherum salzen. Die Kartoffelstifte in 3 gleich große Portionen aufteilen.

Den Backofen auf 180 °C (Umluft) vorheizen.

Aus den angegebenen Zutaten 3 Marinaden rühren. Die Kartoffelportionen darin wälzen. Jeweils auf einem mit Backpapier belegten Blech verteilen und alle gleichzeitig im Ofen ca. 30 Minuten backen. Zwischendurch ein- bis zweimal wenden, damit sie schön knusprig werden. Als Beilage zu Fleisch, Salat oder auch zu Fisch servieren.

Tipp
Statt der Kartoffeln können auch Stifte von Pastinaken, Petersilienwurzeln oder Süßkartoffeln in den Marinaden gewälzt und gebacken werden.

4 Personen | Temperatur: 180 °C | Umluft

SÜSSKARTOFFEL-FRITTEN

mit PARMESAN

700 g Süßkartoffeln	25 g Parmesan	Salz
15 g frischer Ingwer	3 EL Sonnenblumenöl	1 EL frischer gehackter Thymian

Die Süßkartoffeln waschen, abtrocknen und in ca. 1 cm breite Stifte schneiden. Den Ingwer schälen und reiben, den Parmesan ebenfalls fein reiben. Die Süßkartoffelstifte zusammen mit dem Ingwer in eine große Schüssel geben, mit dem Öl beträufeln und gut salzen. Mit der Hälfte des Parmesans sowie dem Thymian bestreuen. Alles gut vermengen und auf dem Backblech verteilen. Dabei darauf achten, dass die Fritten nicht übereinanderliegen und genügend Platz haben.

Den Grill auf 220 °C indirekte Hitze vorbereiten.

Die Fritten für ca. 25 Minuten bei aufgelegtem Deckel goldbraun backen. Zwischendurch ein- bis zweimal wenden, damit sie von allen Seiten schön knusprig werden.

Die Fritten herausnehmen und gleichmäßig mit dem restlichen Parmesan bestreuen.

2 Personen | Temperatur: 220 °C | indirekt bei geschlossenem Deckel

BUTTER-ROTKOHL

mit RÄUCHERSPECK

3 EL ganze geschälte Mandeln 100 g geräucherter Speck 250 g weiche Butter	1 TL abgeriebene Schale von 1 Bio-Orange Salz	frisch gemahlener Pfeffer 1 kleiner Rotkohl

Mandeln klein hacken, den Räucherspeck in Würfel schneiden, mit Butter, Orangenschale sowie etwas Salz und Pfeffer vermengen.

Vom Rotkohl die äußeren welken Blätter abnehmen. Anschließend mit einem scharfen Messer den Rotkohl etwas aushöhlen, mit der Buttermasse füllen und mit einer doppelten Lage Alufolie einwickeln.

Den Grill auf 180 °C indirekte Hitze vorbereiten.

In der indirekten Zone des Grills ca. 90 Minuten bei aufgelegtem Deckel garen, bis der Kohl weich ist (Garprobe durch Einstechen machen). Je nach Größe auch etwas länger grillen.

4 Personen | Temperatur: 180 °C | indirekt bei geschlossenem Deckel

ROTWEIN-ZWIEBELN

mit ACETO BALSAMICO

400 g rote Zwiebeln	100 ml Portwein	Salz
2 EL Zucker	2 TL Aceto balsamico	frisch gemahlener Pfeffer
400 ml Rotwein	100 g kalte Butter	

Den Grill auf 200 °C direkte Hitze vorbereiten.

Die Zwiebeln schälen und in Spalten oder Scheiben schneiden. Den Zucker in einem Topf auf dem Rost schmelzen, den Rot- und Portwein angießen und auf die Hälfte einköcheln lassen.

Zwiebeln und Aceto balsamico zugeben und das Ganze bei geschlossenem Deckel ca. 20 Minuten köcheln lassen. Zum Schluss die kalte Butter in Stücken zufügen, schmelzen lassen, mit Salz und Pfeffer abschmecken.

4 Personen | Temperatur: 200 °C | direkt bei geschlossenem Deckel

KÜRBISSPALTEN

in CURRY-MARINADE

1 Hokkaido-Kürbis	6 EL Olivenöl	¼ TL Cayennepfeffer
1 Knoblauchzehe	1 EL Currypulver	Zucker
1 Zweig frischer Thymian	½ TL gemahlener Kreuzkümmel	Salz

Den Kürbis gründlich waschen und trocken tupfen, anschließend vierteln und Kerne und Fasern entfernen. Kürbis in grobe Spalten schneiden. Hokkaido muss nicht geschält werden.

Knoblauch schälen und hacken, Thymian waschen, trocken schütteln und hacken. Olivenöl mit Currypulver, Kreuzkümmel, Cayennepfeffer, ½ TL gehackten Knoblauch, ½ TL Thymian, Zucker und Salz verrühren. Kürbisspalten mit der Marinade bestreichen.

Den Grill auf 200 °C und sowohl direkte als auch indirekte Hitze vorbereiten.

Die Kürbisspalten erst direkt bei offenem Deckel von beiden Seiten anrösten, dann bei geschlossenem Deckel auf der indirekten Seite fertig grillen. Die dafür benötigte Dauer sollte ca. 15–20 Minuten betragen.

4 Personen | Temperatur: ca. 200 °C | direkt und indirekt bei offenem oder geschlossenem Deckel

BURRATA

mit SOMMERTOMATEN *und* BASILIKUM-PESTO

1 kg gemischte aromatische Sommertomaten 4 Burrata-Kugeln 4 EL Aceto balsamico 4 EL flüssiger Honig	2 TL grober Pfeffer Salz	**Außerdem:** 1 großer gusseiserner Topf oder 4 kleine gusseiserne Töpfe bzw. Formen

Tomaten waschen, je nach Größe kleiner schneiden und gegebenenfalls die Stängelansätze entfernen. Basilikum-Pesto zubereiten (siehe Seite 303). Die Tomaten mit dem Basilikum-Pesto mischen.

Die Mischung in die gusseisernen oder feuerfesten Formen geben und jeweils eine Burrata-Kugel darauflegen. Jeweils 1 EL Aceto balsamico, 1 EL Honig, ½ TL groben Pfeffer und etwas Salz zugeben.

Die gusseisernen Töpfe auf den Grill stellen, Deckel schließen und bei 250 °C etwa 15 Minuten grillen.

Tipp
Anstelle von Burrata kann genauso gut auch Mozzarella verwendet werden.

4 Personen | Temperatur: etwa 250 °C direkt | mit geschlossenem Deckel

NUDELSALAT

mit GRÜNEM SPARGEL

400 g grüner Spargel 100 ml Olivenöl Salz	frisch gemahlener schwarzer Pfeffer 250 g kurze Hartweizennudeln (z. B. Penne rigate)	1 Bund frisches Basilikum 1 Knoblauchzehe 50 g Pinienkerne 50 g Pecorino

Den Grill auf 170 °C indirekte Hitze vorbereiten.

Den Spargel waschen, die Enden kürzen und in ca. 3 cm lange Stücke schneiden. Die Spargelstücke in einer Grillschale mit 1 EL Olivenöl vermengen und mit Salz und Pfeffer würzen. In einer Schale bei aufgelegtem Deckel ungefähr 10 Minuten grillen, je nachdem, welche Bissfestigkeit gewünsch ist..

Die Nudeln in kochendes Salzwasser geben und auf dem Küchenherd in ca. 12 Minuten, je nach Packungsangabe, bissfest garen. Inzwischen Basilikum waschen, trocken schütteln, die Blättchen abzupfen (etwas für die Garnitur zurückhalten) und klein schneiden. Die Knoblauchzehe schälen und klein schneiden.

Den Spargel vom Grill nehmen. Die Nudeln in ein Sieb abgießen, mit kaltem Wasser abschrecken und im Sieb mit 2 EL Olivenöl vermengen, damit sie nicht verkleben. Die Pinienkerne grob hacken und den Käse in kleine Stücke schneiden. In einem Standmixer Knoblauch, Pinienkerne, Käse und Basilikum mit dem restlichen Olivenöl pürieren.

Zusammen mit den Nudeln sowie den Spargelstücken in einer Schüssel locker vermengen. Mit Folie abdecken und ungekühlt etwas durchziehen lassen. Nach Belieben mit Basilikum-Blättern garnieren.

Tipp
Falls es schnell gehen muss, fertiges Pesto verwenden. Die Zubereitung wird ohne Käse vegan.

2–3 Personen | Temperatur: 170 °C | indirekt bei geschlossenem Deckel

FATTOUSH-BROTSALAT

mit MINZE

300 g Fladenbrot (vom Vortag)

Olivenöl

Für den Salat:

2 Frühlingszwiebeln

1 kleine Salatgurke

1 kleine Zucchini

1 Paprika

200 g Tomaten

½ Bund frische Minze

einige Petersilienstiele

2 Knoblauchzehen

Saft von 1 Zitrone

Salz

frisch gemahlener schwarzer Pfeffer

1 kräftige Prise Sumach (türkische Geschäfte)

Außerdem:

1 kleine Handvoll Portulak oder Blattsalat (in Streifen geschnitten)

Den Grill auf 160 °C indirekte Hitze vorbereiten.

Das Fladenbrot in mundgerechte Stücke schneiden. Mit der Sprühflasche oder mit einem Pinsel mit Olivenöl leicht anfeuchten. In einer Grillschale bei aufgelegter Haube 10–12 Minuten rösten, bis sie knusprig sind.

Für den Salat die Frühlingszwiebeln putzen, waschen und fein hacken. Sämtliches Gemüse waschen. Die Salatgurke längs halbieren, mit einem Löffel die Kerne herauskratzen und quer in dünne Streifen schneiden. Die Zucchini längs vierteln und quer in dünne Stücke schneiden. Die Paprikaschote halbieren, entkernen, Stielansätze entfernen und in kleine Würfel schneiden. Die Tomaten vierteln, entkernen und klein würfeln.

Minze (etwas für die Deko zurückhalten) und Petersilie waschen, trocken schütteln, die Blättchen abzupfen und fein hacken. Die Knoblauchzehen schälen und durch die Knoblauchpresse in 3 EL Olivenöl pressen. Die Kräuter sowie den Zitronensaft unterrühren. Mit Salz, Pfeffer und nach Geschmack mit Sumach würzen. Alle vorbereiteten Zutaten, nach Belieben auch den grünen Salat, in einer Schüssel locker vermengen. Falls gewünscht, mit zusätzlicher Minze garnieren.

Tipp

Der fruchtig-säuerliche Geschmack von den getrockneten Steinfrüchten der Sumachpflanze kommt in der orientalischen Küche vor allem in Marinaden und Saucen zur Geltung.

2 Personen | Temperatur: 160 °C | indirekt bei geschlossenem Deckel

QUINOA-EDAMAME-SALAT

mit LIMETTEN-DRESSING

Für den Salat:	**Für das Dressing:**	1 TL Ahornsirup
125 g Quinoa	3 EL Limetten- oder Zitronensaft	½ TL frisch geriebener Ingwer
200 g TK-Edamame (Sojabohnen)	3 EL Pflanzenöl	frisch gemahlener Pfeffer
1 kleine Möhre	2 EL helle Sojasauce	

Quinoa gründlich abspülen und nach Packungsangabe in Wasser garen. In den letzten 5 Minuten Edamame-Bohnen zufügen und mitgaren. Dann das Wasser abgießen, etwas abkühlen lassen, Möhre schälen und in dünne Streifen schneiden oder raspeln.

Für das Dressing alle Zutaten miteinander verrühren. Quinoa, Bohnen und Möhre mit dem Dressing in einer Schüssel mischen und den Salat etwas ziehen lassen.

4 Personen

KARTOFFELSALAT

mit GRÜNER SAUCE

Für den Salat:	**Für das Dressing:**	2 EL Kapern
1 kg festkochende Kartoffeln	2 Eier (Größe M)	1 TL Dijonsenf
Salz	2 Schalotten	2 EL Weißweinessig
1 Prise Kümmel	1 Knoblauchzehe	knapp 100 ml Weizenkeimöl
3–4 EL heiße Gemüsebrühe	1 Bund frische Petersilie	frisch gemahlener schwarzer Pfeffer
	50 g ungesalzene Pistazienkerne	
	50 g Cornichons	

Die Kartoffeln waschen und in Salzwasser mit 1 Prise Kümmel je nach Größe der Kartoffeln ca. 30 Minuten garen. Inzwischen die Eier in ca. 10 Minuten hart kochen, pellen und hacken. Die Schalotten und die Knoblauchzehe schälen und klein schneiden. Die Petersilie waschen, trocken schütteln, die Blättchen abzupfen und hacken. Die Pistazien grob hacken. Die Cornichons klein würfeln (ein paar für die Garnitur zurückhalten) und die Kapern halbieren.

Mit einem Stabmixer oder in einem Standmixer Dijonsenf mit Eiern, Schalotten, Knoblauch, Kapern, Petersilie, Pistazien, Cornichons und Weißweinessig cremig mixen. Dabei das Weizenkeimöl nach und nach zugießen. Mit Salz und Pfeffer würzen.

Die Kartoffeln abgießen, ausdampfen lassen, schälen und in Scheiben schneiden. In einer Schüssel mit Gemüsebrühe beträufeln und mit der grünen Sauce vermengen. Etwas durchziehen lassen. Lauwarm oder kalt servieren. Nach Belieben mit ein paar grob gehackten Pistazien, ein paar Cornichons und etwas Petersilie garnieren.

4 Personen

WASSERMELONE

mit FETA *und* GRÜNEN OLIVEN

500 g Feta	2 Knoblauchzehen	150 g grüne Oliven ohne Stein
5 EL Olivenöl	2 Schalotten	1 große Wassermelone (kernarm)
je ½ TL getrockneter Thymian und Oregano	frisch gemahlener Pfeffer	100 g Walnusskerne

Den Fetakäse zerbröseln und mit Olivenöl, Thymian, Oregano vermengen. Knoblauch und Schalotten schälen, würfeln, zugeben. Etwas Pfeffer mit in Scheiben geschnittenen Oliven vermengen und mindestens 1, besser 2 Stunden, abgedeckt ziehen lassen.

Die Wassermelone in fingerdicke Scheiben schneiden und auf kleine oder größere Platten legen, auf denen sie auch serviert werden sollen. Walnusskerne in der Pfanne ohne Öl kurz anrösten und dann hacken.

Wassermelonenscheiben mit dem marinierten Fetakäse belegen, die Scheiben vierteln oder achteln und nach Wunsch kleine Pieker in die einzelnen Pizzastücke stecken. Mit gerösteten Walnusskernen bestreut, servieren.

Tipp
Wer auf die Wassermelonenschale verzichten möchte, schneidet aus dem Fruchtfleisch kleine Würfel, die mit dem Fetakäse und den Nüssen belegt werden. Einfach mit Holzpiekern befestigen und als Fingerfood servieren!

8 Personen

GURKENRELISH

mit APFEL

1 Salatgurke	½ Chilischote	100 ml heller Aceto balsamico
1 Zwiebel	50 ml Olivenöl	1 EL gehackter Dill
1 Knoblauchzehe	1 EL Senf	Salz
2 Äpfel	2 EL flüssiger Honig	

Salatgurke, Zwiebel, Knoblauch und Äpfel schälen. Salatgurke und Äpfel entkernen und grob würfeln. Knoblauch und Zwiebel schälen. fein hacken. Chilischote entkernen und ebenfalls fein hacken.

Das Olivenöl in einer Pfanne erhitzen und die Zwiebel- und Knoblauchstücke kurz darin anschwitzen. Gurken- und Apfelwürfel hinzugeben und alles gemeinsam nochmal glasig anschwitzen.

Senf und Honig in die Masse einrühren und mit Aceto balsamico ablöschen. Chilischote, Dill und Salz zugeben und alles einkochen lassen, bis fast keine Flüssigkeit mehr vorhanden ist.

4 Personen

MANGO-CHUTNEY

- » 1 Schalotte
- » 300 g Mango
- » 1 kleine Chilischote
- » 1 Zweig frischer Rosmarin
- » 2 EL Olivenöl
- » 2 TL Zucker
- » 1 TL Salz
- » 2 EL Zitronensaft
- » 1 EL heller Aceto balsamico

Schalotte schälen und fein hacken. Mango schälen und würfeln. Chilischote fein hacken. Rosmarin waschen, trocken schütteln und hacken. Olivenöl in einem Topf erhitzen und ca. 1 EL Schalottenstücke darin glasig braten. Mango, Chilischoten nach Geschmack, Zucker, Salz sowie ½ TL Rosmarin dazugeben und weiter anschwitzen.

Mit Zitronensaft und Aceto balsamico ablöschen. Einköcheln lassen, bis ein weiches Chutney entsteht, das die Konsistenz von Konfitüre hat.

4 Personen

PFLAUMEN-PORTWEIN-CHUTNEY

- » 1 Zwiebel
- » 1 Knoblauchzehe
- » 1 Chilischote
- » 250 g getrocknete Pflaumen ohne Stein
- » 1 Zweig frischer Rosmarin
- » 1 Zweig frischer Thymian
- » 2 EL Pflanzenöl
- » 250 ml roter Portwein
- » Kreuzkümmel
- » Salz
- » frisch gemahlener Pfeffer
- » flüssiger Honig

Zwiebel und Knoblauch abziehen, Zwiebel würfeln, Knoblauch fein hacken. Chilischote entkernen und fein hacken. Getrocknete Pflaumen in Würfel schneiden. Rosmarin und Thymian waschen, trocken schütteln und hacken.

Pflanzenöl in einem Topf erhitzen und Zwiebel und Knoblauch darin anbraten. Pflaumen, Chilischote, je ca. 1 TL Rosmarin und Thymian hinzufügen und mit Portwein ablöschen. Mit Kreuzkümmel, Salz, Pfeffer und Honig abschmecken und einköcheln lassen, bis das Chutney die Konsistenz von Konfitüre hat.

4 Personen

NEKTARINEN-DIP

- » ½ rote Zwiebel
- » 1 Knoblauchzehe
- » 1 kleine rote Chilischote
- » 2–3 reife Nektarinen
- » 1 Bund Koriandergrün
- » 1 EL Pflanzenöl
- » Saft von 1 Limette
- » Salz
- » frisch gemahlener Pfeffer
- » etwas brauner Zucker

Zwiebel und Knoblauch abziehen und fein hacken, Chilischote sehr fein schneiden, gegebenenfalls entkernen. Nektarinen waschen und abtrocknen. Koriandergrün abspülen, trocken schütteln, Blätter abzupfen und fein hacken.

Nektarinen halbieren, entsteinen und das Fruchtfleisch in kleine Würfel schneiden. 2 EL beiseite legen. Die restlichen Würfel mit Zwiebel, Knoblauch und Chilischote in Pflanzenöl anschwitzen.

Gehackten Koriander, Limettensaft, Salz, 4 EL Wasser zufügen, alles grob pürieren und mit Salz und Pfeffer abschmecken. Gegebenenfalls mit etwas braunem Zucker nachsüßen.

Zum Servieren die beiseitegelegten Nektarinenstücke für eine schöne Frische unter den Dip mischen.

4 Personen

BLITZ-AIOLI

- » 1 Knoblauchzehe
- » 2 TL Senf
- » 200 ml Milch
- » 300 ml Pflanzenöl
- » Salz

Knoblauchzehe abziehen und hacken. Senf mit Milch und Knoblauchzehe in einem hohen, schmalen Gefäß mixen. Unter Einsatz des Stabmixers auf höchster Stufe das Öl in einem dünnen Strahl zugeben und alles zu einer stabilen Emulsion (wie Mayonnaise) verarbeiten. Mit Salz würzen.

Tipp
Auf den Knoblauch verzichten und als Mayonnaise servieren. Gekochtes Ei, saure Gurken und gehackte Petersilie, eventuell auch Kapern untermischen und als Remoulade servieren.

4 Personen

QUARK MIT 7 KRÄUTERN

» je 2 Stiele Dill, Schnittlauch, Petersilie, Sauerampfer, Borretsch, Kerbel
» 1 Handvoll frische Gartenkresse
» 600 g Quark
» 150 g Sahne
» Salz
» frisch gemahlener Pfeffer

Kräuter gründlich waschen und trocken schütteln. Blättchen bzw. Spitzen von den Stängeln zupfen und fein hacken, Schnittlauch in Röllchen schneiden und Kresse vom Beet schneiden.

Alle Kräuter mit Quark und Sahne mischen und mit Salz und Pfeffer abschmecken.

Tipp
Die Wahl der Kräuter kann ganz nach dem eigenen Geschmack variieren.

4 Personen

GARTENKRESSE-DIP

» 600 g Naturjoghurt (3,5 % Fettgehalt)
» 100 g frische Gartenkresse
» abgeriebene Schale von 1 Bio-Zitrone
» Salz
» frisch gemahlener Pfeffer
» Zucker

Den Joghurt in eine Schüssel geben. Gartenkresse mit einer Schere vom Beet schneiden, behutsam waschen und abtropfen lassen. Zum Joghurt geben und fein pürieren. Mit der Zitronenschale sowie Salz, Pfeffer und Zucker abschmecken.

4 Personen

TAPENADE

» 100 g schwarze Oliven ohne Stein
» 3 eingelegte Sardellenfilets
» 1 EL eingelegte Kapern
» Saft von ½ Zitrone
» 5 EL Olivenöl
» 1 EL frische, gehackte Petersilie
» frisch gemahlener schwarzer Pfeffer

Variante
» 2 Knoblauchzehen
» 100 g grüne Oliven mit Paprikafüllung
» Saft von ½ Zitrone
» 1 EL eingelegte Kapern
» 7 EL Olivenöl
» etwas Cayennepfeffer (nach Belieben)

Oliven, Sardellen, Kapern, Zitronensaft und Olivenöl in den Mixer geben und cremig fein pürieren. Petersilie unterrühren. Nicht salzen, nur pfeffern.

Variante: Die Knoblauchzehen schälen und klein schneiden, die Oliven halbieren. Alles mit Zitronensaft, Kapern und Olivenöl in den Mixer geben und pürieren, bis eine cremige Paste entsteht. Nach Belieben mit etwas Cayennepfeffer würzen.

Tipp
Tapenade schmeckt zum Dippen mit Grissini oder als Aufstrich auf geröstetem Weißbrot.

4 Personen

BASILIKUM-PESTO

» 100 g Pinienkerne
» 400 g frisches Basilikum
» 100 g frisch geriebener Parmesan
» 200 ml Olivenöl
» Salz

Pinienkerne in einer Pfanne ohne Fett kurz anrösten und anschließend etwas abkühlen lassen.

Die Basilikumblätter mit dem Parmesan, den Pinienkernen und etwas Olivenöl und Salz pürieren, bis ein cremiges Pesto entsteht.

Variante: Statt des Basilikums getrocknete Tomaten und dann auch statt der Pinienkerne ungeröstete Mandeln verwenden.

Tipp
Falls das Olivenöl eine sehr bittere Note hat, die Hälfte oder mehr davon durch Pflanzenöl ersetzen.

4 Personen

APFEL-WALNUSS-BUTTER

» 50 g Apfelchips
» 80 g Walnusskerne
» 250 g weiche Butter
» abgeriebene Schale von ½ Bio-Orange
» 2 EL Walnusskernöl
» 1 EL Ahornsirup
» Salz
» frisch gemahlener schwarzer Pfeffer

Die Apfelchips fein hacken. Die Walnusskerne klein hacken und in einer Pfanne ohne Öl kurz anrösten.

Apfelchips und Walnusskerne mit den übrigen Zutaten in eine Schüssel geben und verkneten. Mit Salz und Pfeffer abschmecken.

Die Butter in Backpapier stramm einrollen und in den Kühlschrank stellen. Die Rolle später in mehrere kleinen Portionen schneiden.

4–8 Personen

HONIG-RUCOLA-BUTTER

» ½ Knoblauchzehe
» ½ Chilischote
» ½ Bund Rucola
» 3 getrocknete Tomaten
» 10 frische Rosmarinnadeln
» 2 Zweige frischer Thymian
» 60 g Pinienkerne
» 250 g weiche Butter
» 1 TL flüssiger Honig
» abgeriebene Schale von 1 Bio-Zitrone
» Salz
» frisch gemahlener schwarzer Pfeffer

Den Knoblauch schälen und fein hacken. Die Chilischote entkernen. Die Chilischote, den gewaschenen Rucola und die getrockneten Tomaten fein schneiden. Rosmarin und Thymian waschen, trocken schütteln und sehr fein hacken. Die Pinienkerne in einer beschichteten Pfanne ohne Öl kurz anrösten.

Die Butter, den Honig und die Zitronenschale mit den vorbereiteten Zutaten in eine Schüssel geben und miteinander verkneten. Dann mit ein wenig Salz und Pfeffer abschmecken.

Die Butter in Backpapier stramm einrollen und in den Kühlschrank stellen. Die Rolle später in Portionen schneiden.

4–8 Personen

SCHARFE ERDNUSSBUTTER

» 1 Chilischote
» 10 Blätter frisches Koriandergrün
» 1 TL Sushi-Ingwer (eingelegt)
» 150 g gesalzene Erdnüsse
» 2 TL Ahornsirup
» 250 g weiche Butter
» 1 EL Sweet-Chili-Sauce
» Salz
» frisch gemahlener Pfeffer

Die Chilischote hacken. Den Koriander waschen, trocken tupfen, Blättchen abzupfen und fein hacken. Den abgetropften Ingwer sehr fein schneiden.

Die Erdnüsse mit dem Ahornsirup in einer beschichteten Pfanne karamellisieren lassen. Anschließend ⅔ der Nüsse grob, die restlichen Nüsse fein hacken.

Nun alles mit den restlichen Zutaten in eine Schüssel geben und miteinander vermengen. Mit Salz und Pfeffer abschmecken.

Die Butter in Backpapier stramm einrollen und in den Kühlschrank stellen. Die Rolle später in Portionen schneiden.

4–8 Personen

KRÄUTERBUTTER MAL 3

» 125 g weiche Butter
» etwas Fleur de Sel

Für die Variante 1:
» 75 g frischer, fein gehackter Bärlauch
» abgeriebene Schale von 1 Bio-Limette

Für die Variante 2:
» 5 getrocknete, fein gehackte Tomaten
» ½ TL Piment d´Espelette oder eine andere milde Chilisorte
» Salz

Für die Variante 3:
» ½ TL Knoblauchgranulat
» 1 EL frische, fein gehackte Petersilie
» 1 EL frische, fein gehackte Brunnenkresse
» 1 EL frischer, fein gehackter Kerbel
» 1 TL Senf
» Salz

Die Zutaten der jeweiligen Varianten mit der zimmerwarmen Butter und etwas Salz vermengen. Die Buttersorten jeweils in Backpapier stramm einrollen und in den Kühlschrank stellen. Die Rollen später in mehrere kleine Portionen schneiden.

4 Personen

GUACAMOLE

- 1 kleines Bund frisches Koriandergrün
- 1 Zwiebel
- 2 Knoblauchzehen
- 1 kleine rote Chilischote
- 3 sehr reife Avocados
- Saft von 1 Limette
- Salz
- frisch gemahlener Pfeffer

Koriander waschen, trocken schütteln, Blättchen abzupfen und fein hacken. Zwiebel und Knoblauchzehen schälen und fein würfeln. Die Chilischote waschen, halbieren, Stielansatz und Kerne entfernen und die Hälften in kleine Würfel schneiden.

Die Avocados längs halbieren, die Kerne entfernen und das Fruchtfleisch mit einem Löffel herauslösen. In einer Schüssel mit Limettensaft beträufeln und zerdrücken. Mit Koriander, Zwiebeln, Knoblauch und Chili vermischen und mit Salz und Pfeffer würzen.

Tipp
Mit kleinen Tomatenstückchen verfeinern.

4 Personen

BABA GANOUSH

- 2 mittelgroße Auberginen
- 3 EL Olivenöl
- 3 Knoblauchzehen
- 5 eingelegte getrocknete Tomaten
- 2 Stiele Petersilie
- 2 EL Tahin (Sesammus)
- 4 EL Naturjoghurt (3,5 % Fettgehalt)
- Salz
- frisch gemahlener Pfeffer

Auberginen waschen und die Enden jeweils abschneiden, dann in ca. 0,5 cm dicke Scheiben schneiden. Mit etwas Öl bestreichen und ohne Deckel ca. 5 Minuten von beiden Seiten grillen.

Knoblauch abziehen und fein hacken, in ein kleines Sieb geben und mit heißem Wasser übergießen. Getrocknete Tomaten ebenfalls fein hacken. Petersilie waschen, trocken schütteln, die Blätter abzupfen und fein hacken.

Gegrillte Auberginen mit einem Pürierstab nicht ganz fein pürieren, mit den restlichen Zutaten verrühren und mit einem Schneebesen glatt rühren. Mit Salz und Pfeffer abschmecken.

4 Personen

KREUZKÜMMEL-DIP

- 600 g Naturjoghurt (3,5 % Fettgehalt)
- ½ TL gemahlener Kreuzkümmel
- 50 ml Sesamöl
- 1 TL Currypulver
- 1 EL flüssiger Honig
- 1 EL Olivenöl
- Salz

Den Joghurt mit Kreuzkümmel, Sesamöl, Currypulver, Honig, Olivenöl und etwas Salz zu einem glatten Dip verrühren.

4 Personen

TSATSIKI

- ½ Salatgurke
- Salz
- 5 Knoblauchzehen
- 500 g griechischer Joghurt
- 2 EL Olivenöl
- 1 TL Weißweinessig
- Pfeffer
- einige Stiele frische Petersilie (nach Belieben)

Die Salatgurke schälen, längs halbieren, entkernen und auf einer Küchenreibe raspeln. In ein Sieb geben, mit etwas Salz vermischen und den Gurkensaft abtropfen lassen.

Knoblauchzehen schälen und durch eine Knoblauchpresse in den Joghurt drücken. Die Gurke ausdrücken und zusammen mit dem Olivenöl unter den Joghurt rühren. Mit Essig, Salz und Pfeffer würzen. Nach Belieben frisch gehackte Petersilie unter mischen.

4 Personen

BARBECUESAUCE

» 1 rote Zwiebel
» 1 Knoblauchzehe
» 1 gelbe Paprika
» 1 Zweig frischer Thymian
» 10 frische Rosmarinnadeln
» 1 Chilischote
» ¾ Dose geschälte Tomaten (300 g)
» 1 EL brauner Zucker
» 3 EL Olivenöl
» 50 ml Cola
» 4 EL Ketchup
» Räuchersalz
» 1 Msp. geräuchertes Paprikapulver
» frisch gemahlener schwarzer Pfeffer

Die Zwiebel und den Knoblauch schälen. Zwiebel in Würfel schneiden und den Knoblauch fein hacken. Paprika putzen und würfeln. Thymian und Rosmarin waschen, trocken schütteln und fein hacken. Chilischote mit Kernen fein schneiden. Die geschälten Tomaten hacken.

Zucker in einer Pfanne karamellisieren und Olivenöl dazugeben. Zwiebeln, Knoblauch, Rosmarin, Thymian und Chilistückchen hinzufügen und alles kurz anschwitzen; mit Cola ablöschen.

Die gehackten Tomaten und den Ketchup dazugeben und ca. 10 Minuten bei kleiner Flamme köcheln lassen. Mit Räuchersalz, Paprikapulver und Pfeffer abschmecken.

Die Paprikawürfel dazugeben, weitere 2 Minuten köcheln lassen, in verschraubbare Gläser abfüllen und abkühlen lassen.

4 Personen

GRÜNE SAUCE

» 1 Bund Grüne-Sauce-Kräuter
» 200 g saure Sahne
» 200 g griechischer Joghurt
» 1 TL grober Senf
» 1 EL Zucker
» Saft und abgeriebene Schale von ½ Bio-Zitrone
» frisch gemahlener schwarzer Pfeffer
» Salz

Die Kräuter waschen, trocken tupfen und sehr fein schneiden (nicht hacken). Saure Sahne, Joghurt, die vorbereiteten Kräuter, Senf und Zucker zusammen mit dem Saft und der Zitronenschale in eine Schüssel geben und glatt rühren. Etwa 1 Stunde 30 Minuten ziehen lassen. Mit Pfeffer und Salz abschmecken.

4 Personen

HOMEMADE CURRYSAUCE

» ½ Banane
» ½ Apfel
» 1 weiße Zwiebel
» 1 Dose geschälte Tomaten (Füllgewicht 400 g)
» 1 TL gelbe Currypaste
» 1 EL brauner Zucker
» 2 EL Olivenöl
» 2–3 EL Ketchup
» 1 TL Curry Dehli
» 1 TL flüssiger Honig
» Salz
» frisch gemahlener schwarzer Pfeffer

Banane in 1 cm dicke Scheiben schneiden. Apfel waschen, entkernen und grob würfeln. Zwiebel schälen und in grobe Würfel schneiden. Die Tomaten hacken.

Die Currypaste in einer Pfanne ohne Öl kurz scharf anrösten, Zucker dazugeben und karamellisieren lassen.

Olivenöl, Zwiebelwürfel, Bananenscheiben und Apfelwürfel zügig dazugeben, kurz anschwitzen lassen und mit den gehackten Tomaten ablöschen. Die Sauce 20 Minuten leicht köcheln lassen.

Ketchup, Curry und Honig dazugeben und alles mithilfe eines Stabmixers pürieren. Nach Belieben mit Salz und Pfeffer abschmecken.

4 Personen

GRÜNE MOJO

» 1 kleine grüne Chilischote
» ½ kleines Bund frische Petersilie
» 5 Knoblauchzehen
» 3 EL grob zerriebenes Weißbrot
» 3 EL Rotweinessig
» 100 ml Olivenöl
» Salz
» frisch gemahlener schwarzer Pfeffer

Die Chilischote halbieren, den Stielansatz und Kerne entfernen und die Hälften klein schneiden. Petersilie waschen, trocken schütteln und die Blättchen abzupfen. Knoblauch schälen und halbieren.

Chili mit Petersilie, Knoblauch, Brotbröseln und Essig im Mixer pürieren. Anschließend das Olivenöl unterrühren, sodass eine homogene Sauce entsteht. Mit Salz und Pfeffer würzen.

4 Personen

BBQ-KETCHUP

- 3 rote Zwiebeln
- 1 Knoblauchzehe
- 1 ½ kg Tomaten
- 2 EL Olivenöl
- 1 TL Currypulver
- 1 TL geräuchertes Paprikapulver
- 1 Msp. gemahlener Kreuzkümmel
- 100 g brauner Zucker
- 75 ml Weißweinessig
- 100 g geräucherter Speck
- Salz
- frisch gemahlener schwarzer Pfeffer
- Chiliflocken

Die Zwiebeln und die Knoblauchzehe schälen und fein würfeln. Die Tomaten waschen, würfeln und entkernen. Das Olivenöl in einem großen, hohen Kochtopf erhitzen und die Zwiebel- und Knoblauchwürfel darin kurz anbraten. Hitze reduzieren und Tomaten, Currypulver, Paprikapulver, Kreuzkümmel, Zucker und Weißweinessig hinzufügen und alle Zutaten gut vermengen. Die Tomatenmasse unter Rühren zum Kochen bringen.

Den Schinkenspeck in 2–3 Stücke teilen und mit in den Topf legen. Die Stücke werden nach dem Einkochen wieder entfernt und sorgen lediglich für ein wenig rauchigen Geschmack. Den Ketchup bei kleiner bis mittlerer Hitze im halb geschlossenen Topf etwa 20 Minuten kochen lassen, zwischendurch immer wieder umrühren.

Den Ketchup mit Salz, Pfeffer und gegebenenfalls einigen Chiliflocken abschmecken. Den Schinkenspeck entfernen und den Ketchup noch kochend heiß in sterile Gläser abfüllen und diese gut verschließen. Der Ketchup hält sich, im Kühlschrank aufbewahrt, rund 2–4 Wochen.

Tipp
Den selbst gemachten Ketchup schön verpacken und als Mitbringsel mit zum Grillen zu Freunden nehmen – eine schöne Geschenkidee aus der Küche!

3 Gläser

HONIG-SOJA-SAUCE

- 1 Knoblauchzehe
- 1 EL Butterschmalz
- 4 EL Sojasauce
- 250 ml Geflügelfond
- 1 EL flüssiger Honig
- gehackte Chili nach Geschmack

Knoblauch schälen, hacken und in Butterschmalz bräunen. Mit Sojasauce und Geflügelfond ablöschen. Honig und Chili zufügen, Sauce etwas einkochen.

2–4 Personen

COCKTAIL-SAUCE

- 150 g Mayonnaise
- 2 EL Tomatenketchup - ½ EL mittelscharfer Senf
- 1 EL Weinbrand
- 2 EL Orangensaft
- 1 Spritzer Weißweinessig – 1 Prise Zucker
- Salz – frisch gemahlener schwarzer Pfeffer

Die Mayonnaise in eine Schüssel geben. Den Tomatenketchup zusammen mit Senf, Weinbrand und Orangensaft zufügen und alles gründlich verrühren. Mit Essig, Zucker, nach Belieben mit Salz und Pfeffer würzen.

4 Personen

CHILISAUCE

- ¼ Dose geschälte Tomaten (100 g)
- 10 Blätter frisches Koriandergrün
- 2 Chilischoten
- 1 weiße Zwiebel
- 1 Knoblauchzehe
- 100 ml Ketchup
- 1 EL Ahornsirup
- Salz – frisch gemahlener schwarzer Pfeffer
- Speisestärke

Die Tomaten in Würfel schneiden. Koriander waschen, trocken schütteln, Blätter von den Stielen zupfen und fein hacken. Chilischoten fein hacken. Zwiebel und den Knoblauch schälen. Die Zwiebel in feine Würfel schneiden und den Knoblauch andrücken.

Zusammen mit allen anderen Zutaten in einen Topf geben und mithilfe eines Stabmixers pürieren. Die Sauce aufkochen und ca. 2 Minuten köcheln lassen. Mit Salz und Pfeffer abschmecken. Die Sauce eventuell mit etwas Speisestärke andicken und anschließend in Schälchen oder eine Flasche abfüllen.

4 Personen

REZEPTREGISTER

D

E

F

L

M

N

O

P

Q

R

S

T

U

V

W

SACHREGISTER

WEITERE TOLLE BÜCHER

Meat Academy
Alles über gutes Fleisch: Grundlagen, Praxis, Rezepte
ISBN 978-3-96093-143-0
36.00 € (DE) / 37.10 € (AT)

Ja, ich grill – Im Winter
Die 50 besten Winter-Rezepte zum Niederknien
ISBN 978-3-96093-413-4
22.00 € (DE) / 22.70 € (AT)

Sous-Vide
Purer Genuss: Fisch, Fleisch, Gemüse perfekt gegart
ISBN 978-3-96093-074-7
€ 30.00 (DE) / € 30.90 (AT)

IMPRESSUM

Bibliografische Information der Deutschen Bibliothek.
Die Deutsche Bibliothek verzeichnet diese Publikation in der Deutschen Nationalbibliografie.

Detaillierte bibliografische Daten sind im Internet über http://www.dnb.de/ abrufbar.

EIN BUCH DER EDITION MICHAEL FISCHER
1. Auflage 2019

Produktmanagement: Diana Jedrzejewski
Lektorat: Martin Lagoda
Covergestaltung: Anna-Maria Köperl
Layout: Verena Raith, Silvia Keller, Bernadett Linseisen
Satz: Lara Nelles

Bilder:
S. 8/9: © nadianb/Shutterstock; S. 10: © SunKids/Shutterstock; S. 11: © senk/Shutterstock, S. 12: © Bilder nicht in Shutterstock; S. 13: © Anze Furlan/Shutterstock; S. 14: © Lincoln Rogers/Shutterstock; S. 15: © Bartosz Nitkiewicz/Shutterstock; S. 16: © CL-Medien/Shutterstock; S. 17: © Strannik_fox/Shutterstock; S. 18: © Doczky/Shutterstock; S. 19: © Quadxeon/Shutterstock; S. 20: © Firma V/Shutterstock; S. 21: © Timolina/Shutterstock; S: 22: © casanisa/shutterstock; S. 23: © William McDill/Shutterstock; S. 24: © Joshua Resnick/Shutterstock; S. 25: © pr2is/Shutterstock; S. 26: © VDB Photos/Shutterstock; S. 27: © Davor Ristic/Shutterstock; S. 31, 32, 33: © Kitchenkiss photography, Holzkirchen b. München; S. 34: © Artem Shadrin/Shutterstock; S. 35: © Manuela Rüther, Köln; S. 40: © nadianb/Shutterstock; S. 41: © Alex Staroseltsev/Shutterstock; S. 42: © symbiot/Shutterstock; S. 43: © suremen/Shutterstock; S. 44, 45: © zi3000/Shutterstock; S. 46: © stockcreations/Shutterstock, S. 47: © Spaskov/Shutterstock, © Chingiz044/Shutterstock; S. 48: © hlphoto/Shutterstock; S. 49: © Zu Kamilov/Shutterstock, © VICUSCHKA/Shutterstock; S. 50 : © Sotnikova Vera/Shutterstock; S. 51: © Vladimir Mulder/Shutterstock; S. 52: © Nedim Bajramovic/Shutterstock; S. 53: © Digieva/Shutterstock; S. 54: © NaturalBox/Shutterstock; S. 55: © Rido/Shutterstock; S. 56: © Serhii Bobyk/Shutterstock; S. 57: © grekoff/Shutterstock, © Impact Photography/Shutterstock; S. 62/63: © Alexander Rutz/Shutterstock,

S. 271: Tina Bumann, Bretten
S. 287: Sabrina Sue Daniels, Frankfurt a. M.
S. 194, 209, 213-225, 231, 235, 236, 245, 247, 251-259, 265, 266, 281, 291, 293, 301:Volker Debus, München
S. 277, 299: Stefanie Hiekmann, Osnabrück
S. 64, 85, 113, 119, 127, 128, 139-142, 159, 163, 166, 173, 179, 193, 227, 233, 263, 266, 273, 279: Kitchenkiss Photography, Holzkirchen b. München
S. 67, 75, 121-125, 147: Paul Ripke, Hamburg
S. 107, 116, 128, 135: Manuela Rüther, Köln
S. 64, S. 69, 71, 73, 77-83, 87-103, 109, 111, 115, 116, 128, 131, 133, 142, 145, 149-157, 161, 165, 166, 169, 171, 177, 183-191, 194, 197-207, 211, 229, 236-243, 249, 261, 266, 269, 285: Guido Schmelich, Holzkirchen b. München

Rezepte:
S. 66, 74, 105, 130, 132, 146, 154, 155, 160, 164-170, 174, 175, 180, 181, 188, 189, 205, 214, 223, 252, 253, 304, 306, 307: Christoph Brand
S. 84, 118, 126, 138, 104, 178, 192, 204, 208, 212, 215-222, 224, 226, 230-234, 244, 246, 250, 254-258, 262, 264, 272, 278, 280, 290, 292, 295, 300, 302, 303, 305: Mora Fütterer
S. 270, 294, 303, 305, 306, 307: Rose Marie Donhauser
S. 276, 286, 298: Stefanie Hiekmann
S. 112, 158, 162: Michael Koch & Guido Schmelich
S. 106, 120-124, 134-137, 172, 307: Stephan & Michael & Wolfgang Otto
S. 68, 70, 72, 76-82, 86-104, 108, 110, 114, 144, 148-152, 156, 176, 182-186, 190, 196-202, 206, 210, 228, 238-242, 248, 260, 268, 274, 275, 282-284, 288, 289, 296, 302, 304, 305: Guido Schmelich
S. 297: Marlein Stasche

Text: (Urheber) Giudo Schmelich, Michael Koch, Mora Fütterer, Stephan & Michael &Wolfgang Otto, Christoph Brand

ISBN 978-3-96093-454-7

Gedruckt bei Polygraf Print, Čapajevova 44, 08001 Prešov, Slowakei

www.emf-verlag.de

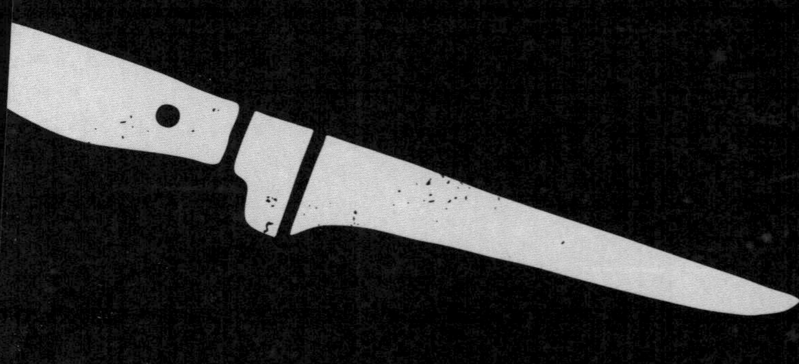